愛知近現代女性史
人名事典 Ⅱ

JN062955

愛知女性史研究会

2020

は じ め に

　愛知女性史研究会は、1972（昭和47）年創立以来、

1975年『戦後愛知女性史年表』（愛知女性史研究会、以下記入がなければ
　　　　同じ）

1986年『愛知女性のあゆみ』第１集

1987年『なごやの女性の歴史－1975年～1985年』（名古屋市市民局）

1989年『母親運動を育てた人びと　愛知女性のあゆみ　第２集』

1994年『【写真でつづる】あいちの女性史』（郷土出版社）

1998年「特集　愛知における女性史」（名古屋歴史科学研究会『歴史の理
　　　　論と教育』第100・101号合併号、これを　第3集とする）

2003年『人権確立を求め続けて－愛知女性のあゆみ・第４集』

2005年『川口ちあきの女性史世界』

2010年『愛知近代女性史年表　1871～1945』

2015年『愛知近現代女性史人名事典』

を世に出す努力を続けてきました。

　2015年の「女性史人名事典」は、故人と1925年生まれまでの愛知で暮
らした男女を対象とし、1945年日本が第２次世界大戦に敗北するまでの日
々、その後の女性の人権を確立していく日々に、希望の種がまかれた歴史
の一端に陽の目をあてました。本書は、そののち、1935年までに生まれた
方がたが戦後民主主義を育てようと奮闘した姿を中心としています。中日
出版本社編『愛知県著名女性事典』をはじめ、新聞の人物紹介、図書館司
書のお力も借り、新しく聞き書きにも努力した成果です。

　日本国憲法が性による差別を認めない、世界でも先進的な憲法であるに
もかかわらず、1975年国際婦人年以来、世界女性の力を追い風に人権確立
のために声をあげ行動してきたのに、世界の女性は先へ進み、日本女性の
社会的地位は低い現実があります。本書に収めた方たちは、当然のことと
して、自分らしい生き方をしてきました。その努力が実って、働きやすい
職場になり、よい仕事をする人が認められる社会になり、保育所ができ、
文化が育った。私たちは、その経験と意欲を学んで、私たちらしく進めば、
さらに新しい道が開けると思います。資料を集められなくて、書けなかっ
た人が多いのが心残りです。

後世の方がもっと深く先人の思索や活動をたどろうと考えた時、著作・参考資料を手掛かりにしてください。愛知女性史研究会会員自身の足跡からは、女性史研究の入り口が広いこともお分かりいただけるでしょう。女性史は楽しく意義深い学習です。

　　　　　　　　　　2020年12月15日　　愛知女性史研究会

　　　　　　　　　　　　　　　　　　（文責　伊藤康子）

凡　　例

1　本書は近現代に愛知県に住んでいた女性と、女性の社会的進出を支援した男性を集めた。本文中（『愛知近現代女性史人名事典』を含む）の太字は愛知の人だが詳細が必ずしもわからず、索引で検索してのちに調べることができるよう配慮した。

2　人名はよく知られている名を基本とし、戸籍名(本名)、旧姓、婚制、筆名、通称など別名を適宜付記した。昔は、女性の戸籍名はカタカナまたはひらがなで「子」をつけない人が多かったが、自分の好みで漢字をあて、「子」をつけて使用した人もいたので、不正確な可能性がある。

3　故人、もしくは1935年以前に誕生した人に限った。生没年不詳の人も多い。

4　全体として姓名（読みがな）、生没年、主要肩書（職名など）、出生地（愛知県内は郡市町村）を先に記した。県内の動向を中心に全体像もわかるよう記述することに努めた。敬語・敬称は使用しなかった。

5　西暦表記を原則とし、参考までに和暦を（　）内に入れた。町村合併が行われると自治体名が変わるので地域名は複雑だが、読み手にわかりやすいよう現自治体名を入れた。

6　「県」は愛知県、「市」は名古屋市である。

7　原則として常用漢字、現代かなづかいを用いた。

8　慣用句は適宜用いた。学校法人・株式会社などは原則として省略した。下記は主要な略記である。

高等女学校→高女　女子高等師範学校→女高師　県立第一高女→県一　名古屋市立第一高女→市一　オリンピック→五輪　日本基督（キリスト）教女子青年会→ＹＷＣＡ

9　『　』は書名・新聞雑誌名、「　」は芸術作品・映画・演劇・論文・引用文など。（　）は説明。【著】はその人の著作、【参】は参考文献、原則として各1点とし、2点以上あるものは／で区切った。（　）内の新聞雑誌名には『　』を付けなかった。

10　人名索引を巻末に付した。

11　全体にかかわる主要な参考文献は、次のとおり。

①　中日出版本社編・刊『愛知県著名女性事典』1994

②　『愛知県人物・人材情報リスト』各年版　日外アソシエーツ

③　愛知女性史研究会編・刊『愛知女性のあゆみ』第1・2・3・4集　1986〜2003

④　愛知女性史研究会編・刊『愛知近代女性史年表　1871〜1945』　2010

⑤　『朝日新聞』『毎日新聞』『中日新聞』（中部日本新聞を含む）『読売新聞』ほか

目　　　　次

イラスト・地図　青柳清子

愛知県全図

2020（令和2）年

愛知県下の大学名
① 愛知県立大学（県立女子短大）
② 愛知教育大学（愛知学芸大学）
③ 日本福祉大学
④ 名古屋経済大学
⑤ 藤田医科大学（藤田保健衛生大学）
⑥ 県立芸術大学
⑦ 至学館大学（中京女子大学）
⑧ 愛知大学
⑨ 中京大学
⑩ 名城大学

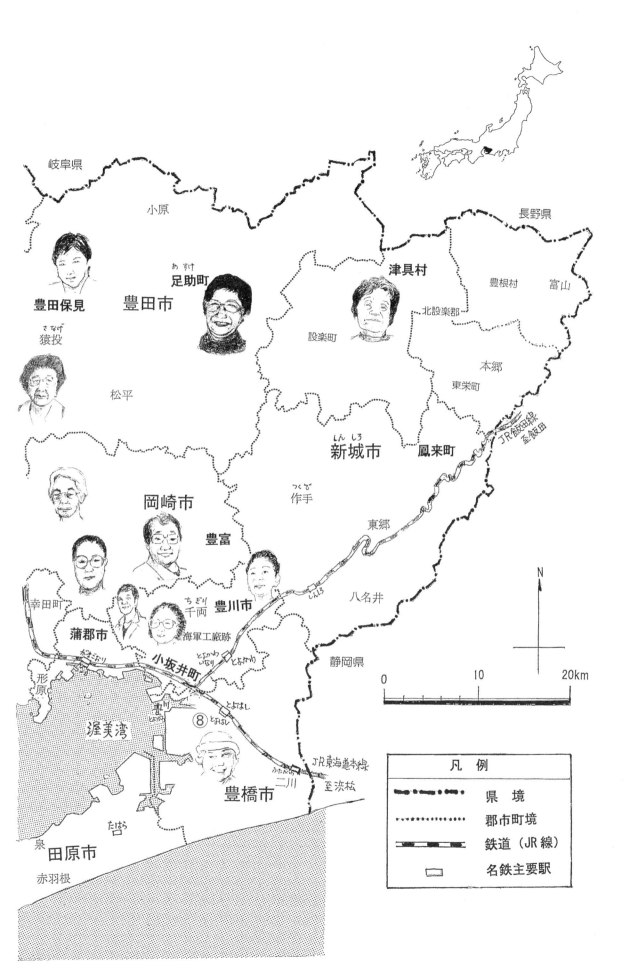

岐阜県

小原

長野県

足助町
あすけ

豊田保見

豊田市

津具村

豊根村

富山

猿投
さなげ

北設楽郡

松平

設楽町

本郷

東栄町

JR飯田線
至飯田

新城市
しんしろ

鳳来町

岡崎市

作手
つくで

東郷

豊富

幸田町

千両
ちぎり

豊川市

しんしろ

八名井

蒲郡市

海軍工廠跡

小坂井町

とよかわいなり
とよかわ

静岡県

形原

渥美湾

豊川
とよかわ

⑧
とよはし

0   10   20km

N

JR東海道本線
至浜松

二川
ふたがわ

豊橋市

田原市
たはら

泉

赤羽根

凡 例	
● ● ● ● ●	県 境
・・・・・・	郡市町境
▬▬▬	鉄道（JR線）
▢	名鉄主要駅

名古屋市全図

2020（令和2）年

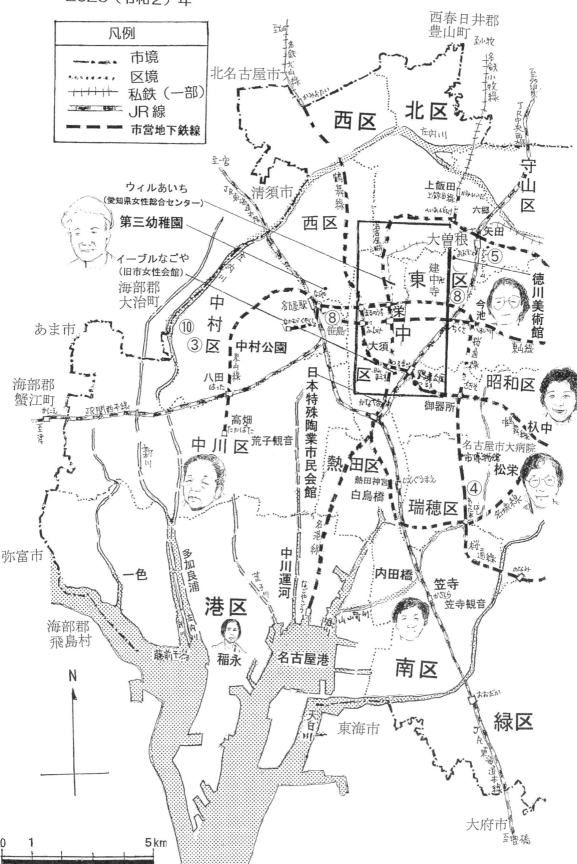

凡例

ー・ー	市境
・・・・・	区境
┼┼┼	私鉄（一部）
▭	JR線
- - -	市営地下鉄線

西春日井郡
豊山町

至小牧

北名古屋市

西区

北区

守山区

清須市

至宮

西区

ウィルあいち
（愛知県女性総合センター）

第三幼稚園

イーブルなごや
（旧市女性会館）

海部郡
大治町

あま市

中村区
⑩ ③

中村公園

八田
はった

海部郡
蟹江町

JR関西本線
至弥富

中川区

荒子観音

高畑
たかばた

上飯田
上飯田線

六郷

大曽根
おおぞね

⑤

東区

建中寺

栄

今池

中区

八事

昭和区

徳川美術館

松栄

名古屋市大病院
市博物館

④

日本特殊陶業市民会館

熱田区

熱田神宮
白鳥橋

瑞穂区

弥富市

一色

多加良浦

中川運河

港区

稲永

藤前干潟

海部郡
飛島村

N

名古屋港

内田橋

笠寺
かさでら
笠寺観音

南区

天白川

東海市

緑区

大府市

0　1　　　5km

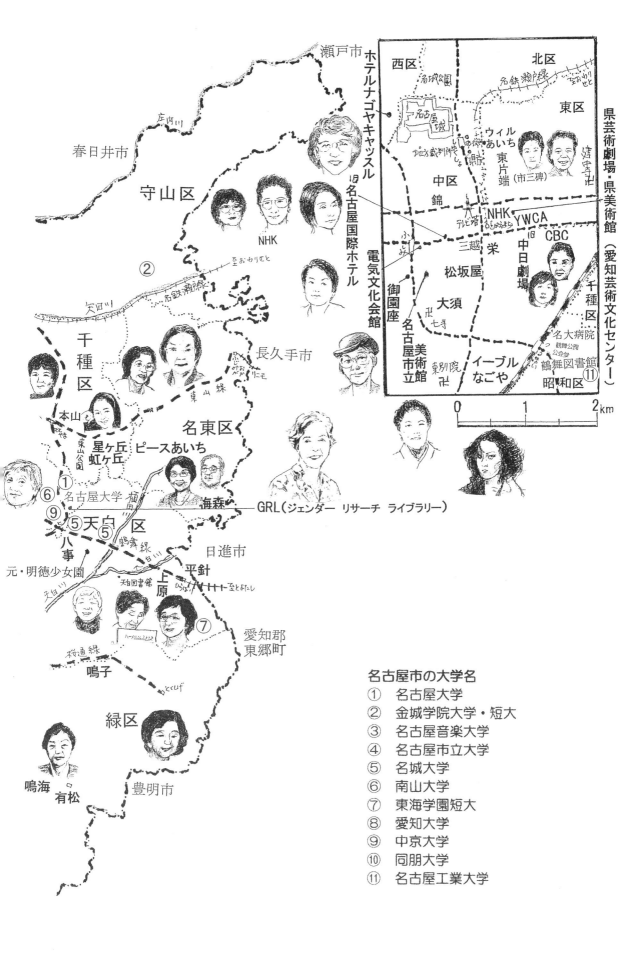

人 名 事 典

青木 仁子 （あおき ひとこ）

1939〜2017

弁護士、日本尊厳死協会東海支部長

少女時代に父の病気のため食べ物にも事欠くような貧困に見舞われたが、当時の制度では生活保護受給世帯の子に大学進学の道が開かれていなかったため、生活保護の利用を拒否し奨学金で高校を卒業名古屋大学法学部に進んだ後、妹と「青木塾」という学習塾を始め、学費も生計費も支え、29歳で司法試験に合格するまで続けた。

1974（昭和49）年、市中村区の自宅近くで青木仁子法律事務所を開設（後に複数の弁護士を得てなかむら公園前法律事務所となる）。「下町の弁護士さん」として庶民の悩み事の解決に尽力する一方、男女共同参画、人権擁護、尊厳死など様々な活動にかかわる。

市民派弁護士の傍ら、1991年、日本尊厳死協会に入会。東海支部支部長として同支部発行の書籍『私が決める尊厳死』などの編集長を務めた。

仕事を離れては潤いを求めてビオラを奏で、名古屋法曹バロックアンサンブルのメンバーとして舞台にも立った。自宅を改装し、オーケストラの練習場にと1階はホール風にしたが、後にホールは、老人会の会合、料理の研究会、緩和ケアの勉強会などを企画し、地域住民のセンターとなり、尊厳死協会東海支部所在地でもある。

2015年、白血病のため余命3か月を告知されてから14か月、「ただ生きるための輸液は結構です」と拒否、「青木記念ホール」を公共財として市民に無料開放することを遺言して、大勢の来訪者と接しながら終末期を過ごし、尊厳ある生の先に尊厳死があることを体現、まさに「尊厳死の権利を主張して延命治療の打ち切りを希望する」というリビングウィル（LW）を自ら実践した。

【参】日本尊厳死協会東海支部編著『私が決める尊厳死』中日新聞社 2007

秋田 美津子 （あきた みつこ）

1935〜

名古屋国際ホテル総支配人

朝鮮・京城（現韓国ソウル）生まれ。父・鍵次が事業をたたみ、一家で帰国。1948（昭和23）年金城学院中学校に入学。一口3,000円の寄付金を稼ぐため、夏休みに1個25円で石鹸を売り歩く。金城学院短大を卒業後、市（現天白区）の明徳少女苑（感化院）で法務教官を2年半勤める。その後静岡の禅寺に嫁ぎ、2子を出産。

1959年、静岡常葉学園中学校の英語教師を2年勤めた後、夫とともにハワイのカウアイ島禅宗寺で日本語学校教師。帰国後、義母から夫が病気になった責任を問われ、一方的に離婚を言い渡された。2子は夫側に。

名古屋・栄に名古屋国際ホテルが建った翌年の1965年、美津子は「働きたい」とホテルを訪ねる。「無報酬なら」と雇われ、宴会予約の飛び込みセールスをする。足を棒にして会社訪問を続け、1年後、歩

合制の報酬になる。1970年、招待客3,000人のパーティーを落札し、成功させる。1982年社員登用となり、宴会部長代理になる。当時宴会部門は7,000万円の赤字、必死の努力で半年後黒字に転じる。1990年、総支配人に就任。日本ホテル協会加盟のホテルの中では初の女性総支配人、事業本部長も兼務した。「マドンナ旋風の影響かもしれないが、25年前の恩返しのために、社員を育てていくのが使命と思い、引き受けた」と美津子は言う。1991年6月取締役に就任（名古屋国際ホテルは2020年閉館）。
【参】『行動する中部の女性群像 淑女録 STAGE 1』中部経済新聞社 1998

阿久根 治子 （あくね はるこ）

　1933〜
　作家

市生まれ。1954（昭和29）年県立大学国文科卒業後9年間ＣＢＣに勤める。勤務中より創作活動を始め1960年「モスクワ町のある1年」で講談社50周年記念児童文学賞入選候補作になる。1963年1月より中日新聞家庭子ども欄に長編童話「ぼくとアリンコビチくん」「リャッタにつばさがはえるとき」短編童話「地球のそうじやさん」など数十編連載する。ＣＢＣを1963年退職。1969年古代に素材を求め、高い次元で永遠の人間ドラマを表現した『やまとたける』で産経児童出版文化賞を受賞。ＮＨＫ「みんなのうた」やＮＨＫの子ども向けドラマ1967年「名探偵カッチン」の主題歌の作詞をするなど児童

詩や現代詩も多く発表している。また、日本古代文学の研究を続け、神話絵本や現代の危機感をとらえた創作絵本など多くの作品を発表している。
【著】『やまとたける』福音館書店 1969
【参】「愛知人物地図 文学に生きる」『中日新聞』1975.1.26

麻田 和歌子 （あさだ わかこ）

　1922〜
　いずみの会会員、自衛隊イラク派兵差し止め訴訟法廷意見陳述者

豊田市生まれ。市立市民病院付属看護婦養成所卒業。3年間市民病院で勤務、軍関係の病院を希望し、陸軍造幣廠内鳥居松病院に転勤、1941（昭和16）年結婚。夫は召集され、1945年5月の名古屋空襲を千種区で体験。
夫は就職や地域活動を許さない人だったので、戦後は編み機などを買って、自宅購入のために内職し、岡崎へ転居する。3人の子育てのなかで「主婦であると同時に自分自身でありたい」「このまま老いるのは惜しい」と焦り、「私の40代」特集の『いずみ』に投稿、入会し、無欲な楽しい仲間に出会う。
1956年、小学校卒業後最初の同窓会に参加して、クラスの男子27人中11人が戦死したことを知る。皇国教育の浸透が青年を死に追いやったことを嘆き、不戦の誓いを胸に、反戦の立場で「自衛隊のイラク派兵差し止め訴訟」原告団に参加した。「戦争は権力者が選ぶのに、犠牲は庶民が負う」、イラクに派兵したら、また日本は戦争に進むのではないかと絶対反対を

訴えた。いずみの会・三河グループ、1985年本部代表。
【参】自衛隊イラク派兵差止訴訟の会編・刊『私は強いられたくない　加害者としての立場を』2006 ／『いずみ』会誌

浅野 美和子 （あさの みわこ）
1934〜
女性史研究者

岐阜市生まれ。父の「女は家庭へ」の考え方に抗議し大学へ進学。1956（昭和31）年愛知学芸大学（現愛知教育大）社会科史学教室卒業。教職に就き、3年後結婚を機に退職。知多郡美浜町、尾西市（現一宮市）で3人の育児に専念。1974年ごろ女性問題の雑誌『あごら』を購読し、友人たちと「あごら東海」を結成する。尾西市生まれの**市川房枝**の資料や市川の同級生や教え子の肉声を集めたり、選挙支援などをしたりした。
江戸時代後期の「きの」という女性が如来教を起こしたことを知り、1976年名大文学部国史研究室の研究生になり、研究を始めた。1978年愛知教育大学大学院修士課程に学ぶ。修了後高校などの非常勤講師を歴任。
1978年、近世女性史の研究会がないと門玲子らと「知る史の会」を立ち上げ、会員20人前後で研究を継続する。1990年柴桂子主宰の年刊雑誌『江戸期おんな考』の発刊に参加。
地域では「尾西女性史を学ぶ会」を1990年に立ち上げ、地域の歴史や女性問題を深めることに取り組んだ。

市川房枝生誕100年を記念しようと、準備会を経て、1993年5月1日に尾西歴史民俗資料館で「市川房枝女史を語る会」の講演会と展覧会を尾西市の協力を得て開催。その中で市川の功績を伝えるために記念館を建設するアピールを採択した。1994年4月から月1回程度の「市川房枝に学ぶ会」の自主講座を開始、女性が自由に生きられるにはどうしたらいいかを話し合った。会を続けるなかで、1999年には尾西市の意見箱へ市川房枝記念館建設を提案するなどの活動をした。その間『女と男の時空』近世編の執筆に加わり、長年の研究課題の如来教の始祖きのの伝記を藤原書店から『女教祖の誕生』として上梓した。2019年石風社から和歌による自己確立を通して、政治参加の道を開いた野村望東尼の獄中記を翻刻・注釈・解説した『野村望東尼　姫島流刑記』を上梓した。1956年短歌結社「をだまき」に入社（「をだまき」終刊後2008年から「音」所属）短歌をたしなむ。
【著】歌集『自流』私家版 2002 ／『戦中戦後思い出すまま』私家版 2009
【参】「きれいな政治に学ぶ」『毎日新聞』1993.4.29 ／ チラシ「房枝に学ぶ会へのお誘い」1994.3

明日香 （あすか）本名黒坂美奈子、旧姓菅
1963〜2013
シンガーソングライター

犬山市生まれ。名古屋音楽大学ピアノ科

卒。小学2年生からピアノを習い、中学時代には作詞作曲を始める。県立丹羽高校を経て、1982（昭和57）年、名古屋音楽大学1年の時にヤマハのポピュラーソングコンテストに参加。高校の同級生・すずきゆみ子が書いた詞に曲をつけた「花ぬすびと」で優秀曲賞を受賞。同年第13回世界歌謡祭で「花ぬすびと」はグランプリを獲得。明日香はプロデビューを果たした。同曲は30万枚のヒットとなった。その後シンガーソングライターとしてシングル11枚、アルバム10枚を発表する一方、楽曲提供も行い、1986年高井麻巳子「メロディ」がヒット。1995年北海道各地でのライブがきっかけとなり、北海道に移住。1996年結婚、2年後長女、6年後長男の出産を経て、2005年愛知へ帰郷。

2007年離婚。乳がんが判明。治療を受けながら、2011年の東日本大震災の復興応援ライブやコンサートなどの音楽活動を続けた。
2012年音楽活動30周年記念ライブ「心つないで」を市や江南市で開催。
2013年10月25日、49歳で死去。11月3日に名古屋音楽大学で追悼イベントが開催された。
【著】『生きて、ありがとう』ゆいぽおと2014

市川 梅香（いちかわ ばいか）本名松井幸子
　　1935〜
　　市川少女歌舞伎団員

豊川市生まれ。豊川稲荷門前の料理屋を経営していた両親が芸事を好み、幸子は6歳から日本舞踊、11歳で歌舞伎を習う。
豊川は素人芝居の盛んな地で、地元出身の役者市川升十郎に師事した。市川を中心に数名が豊川駅近くの料理屋「遊喜」の2階で10歳前後の少女たちに歌舞伎を教え、1949（昭和24）年豊川市牛久保にある昭和座で公演。以来、鳳来町はじめ各地の婦人会、老人クラブから出演依頼があり、「豊川少女歌舞伎」が誕生した。
1950年春、県内や静岡県各地を巡業。同年夏には京都、伊勢、志摩に巡業し、海に浮かべた二隻の舟の上の舞台で行う舟芝居も経験した。
1951年浜松市にある浜松座と専属契約を結び、プロとして活動をはじめた。梅香は立女形として活躍。浜松座では2か月にわたる長期公演を行った。しかも5日間ごとに狂言を入れ替えて公演した。
1952年宗家市川三升（のちの十代目市川團十郎）より市川の名の伝達式があり、「市川少女歌舞伎」が誕生。
1953、54年には東京の三越劇場、明治座、京都の南座、名古屋の御園座などの大劇場に出演して人気を博した。
1960年、少女の域を脱した座員たちは「市川女優座」と改名、「市川少女歌舞伎」は幕を引いた。梅香は1978年歌舞伎舞踊「さつき流」を創設、豊川市で指導。間もなく創流半世紀を迎える。現在は歌舞伎の七世松本幸四郎の出身地である三重県東員町で子ども歌舞伎「松の会」の指導に

あたっている。
【参】『新編 豊川市史 第九巻民俗』豊川
市 2001

一ノ瀬 記代 （いちのせ きよ）
1935～
学校給食栄養士

県生まれ。市立女子短
大（現名古屋市立大学）
卒。卒業後栄養士とな
り、一時退職したが19
68（昭和43）年豊川市
教育委員会栄養士に復
職。1993年に、外国料理を出す事業の計
画を立案、献立を企画した。当時豊川市
の人口は11万3000人、1990年頃には600人
足らずだった外国籍の人口が1993年には
約2000人に急増した。そのブラジル・ペ
ルー等の外国籍の子どもたちが言葉や食
べ物の違いで、給食の時間に孤立しがち
だった。その対策にと給食週間（給食の
始まった意義を知らせる行事、1月25日
から1週間）に市内22の全小中学校で世
界5か国（ブラジル・ペルー・韓国・中
国・米国）の料理を日替わりで出す。
県内でも、海外の友好都市の料理や郷土
料理を出すところもあるが、豊川市では、
増えた外国籍の子らをどう学校教育になじ
ませるかと工夫した。
【参】「学校給食に外国料理の献立をつく
った」『毎日新聞』1993.1.18 ／ 名古屋
市立女子短大45年史編さん会『名古屋市
立女子短大45年史』1996

伊藤 豊子 （いとう とよこ）
1928年～
劇団はにわの劇作家、俳優

市生まれ。市一（現市立菊里高校）卒。
小学校教師を勤め、1948（昭和23）年結
婚。市主催の「楽しい芝居づくり」に参
加した主婦の有志を集め、劇団「はにわ」
を1952年創立し、俳優舟木淳の指導のも
とに市女性会館（現イーブルなごや）を
拠点として活動し、公演を行う。市女性
会館こけら落し第1回名古屋演劇フェス
ティバル以来、毎年参加。第2回自主公
演などはアマチュアの域を脱した活躍で
脚光をあびる。同会館の「イーブネット
フェスタ2000」では、からゆきさんを描
いた山崎朋子『サンダカン八番娼館』（19
68）を、同じく同館で活動する2つの女
性劇団と共に記念公演を行った。また、
座付き作家として『あの夜の霧は ヘチマ
コロンの詩』他3本の作品がある。
【参】「舞台から伝え続けた女性の問題」
『中日新聞』 2000.11.5

伊藤美代子 （いとう みよこ）
1925～
赤のれん会長

市熱田区生まれ。名古屋第二女子商業学校
（現名古屋経済大学高
蔵高校）卒。父・藤三
郎は1919（大正8）年
創業の「あかのれん呉
服店」を経営。女学校
3年15歳のとき跡継ぎ

だった兄が病死したため家業をまかされ
る。名古屋大空襲で店は全焼。疎開し、内

職をする。戦争が終わると家族の協力で内田橋（南区）にバラックを建てて古着商をする。1947年、いとこの英明の復員を待って結婚。二代目社長として迎える。夫は卸業を美代子は小売りをと、堅実な商法で手を広げていった。忙しい中、生後2か月の二女が急性肺炎で急死。両親の助けもあり3人の子どもを育てながら小売業に精を出す。1959年の伊勢湾台風で被災。水害を契機として、信用第一の経営をと多店舗化に踏み出す。1975年エフ・シー・ユニーを吸収合併し、新生・あかのれんとなる。同年夫は病に倒れ、1979年死去。美代子は三代目社長となる。2018年あかのれんは創業100年を迎えた。

【参】『行動する中部の女性群像・淑女録 STAGE 1』中部経済新聞社 1998

伊藤 康子（いとうやすこ）旧姓倉本
　　1934〜
　　女性史研究者
旧満洲奉天市（現中国東北区瀋陽市）生まれ。5人きょうだいの次女。1946（昭

和21）年母の実家（広島県五日市町、現広島市）に引き揚げ、翌年シベリアから復員した父の就職で東京府中市に転居。1957年東京大学文学部国史学科を卒業し、フレーベル館編集部に就職、幼児絵本雑誌『キンダーブック』の編集者となる。入社して2か月後、大学の自治会活動でも日本史の勉強でも1年先輩の伊藤忠士と結婚。1962年長女が誕生するも保育所の少ない時代で育児は困難を

極め、体調を壊して退職。専業主婦になる気は全くなく、『歴史評論』編集部にパート勤務。1966年、夫が名古屋大学に就職したのを機に名古屋市に転居。日本福祉大学、愛知県立大学、名城大学、名古屋大学、中京女子大学（現至学館大学）、同短期大学等で近代女性史、婦人論など非常勤講師として14年間教えた後、1980年中京女子大学助教授、その後教授となり2002年定年退職。

「戦後20年たって女性がこれだけ生きにくいのなら、もっと生きにくい時代に暮らしやすさを築いてきた女性の歩みを明らかにしなかったら、私にとっての日本史学って何になるのでしょう」という名古屋に来たときの初心から、名古屋女性史研究会に参加。女性史を学び教える日々をおくる。1974年『戦後日本女性史』（大月書店）をまとめ、以後女性運動史・解放史に関わる著書多数。愛知女性史研究会の一員として同年平塚らいてう展を**中山惠子**と企画し、1977年初めて名古屋で開催した全国女性史研究交流集会は各地に拡がった。女性の研究者が少ない時代、1970年代の第二次女性史ブームもあり、名古屋婦人会館建設調査委員会委員、日本女性会議'84なごや実行委員会副会長、ＮＧＯ世界会議名古屋市派遣団長などの任に就く。傍ら1990年には中京女子大学教職員組合委員長を務める。1994年からは委嘱された「愛知県史」の調査・執筆に携わる。2004年**市川房枝**記念会（現市川房枝記念会女性と政治センター）から市川房枝研究会の主任研究員を委嘱され、『市川房枝の言説と活動』の年表三部作や写真集を研究員と共に出版、愛知女性

史研究会で年表や事典を作っている。

【著】『闘う女性の20世紀』吉川弘文館 1998

【参】「私自身の解放のために」総合女性史研究会編『女性史と出会う』 吉川弘文館 2001

伊藤 ユミ （いとう ゆみ）　本名月子

1941〜2016

デュオ名　ザ・ピーナッツ

常滑市生まれ。市育ち。伊藤家の4女。市立西陵商業高校（現市立西陵高校）を中退し、16歳で上京。一卵性双生児の姉エミ（1941〜2012）と　「ザ・ピーナッツ」として1959年にデビュー、歌手、メロディー担当。

1960年に「今池音頭」を発表、バックバンドはシックスジョーズ（ベーシストは

渡辺晋・渡辺プロ社長）。この年地下鉄東山線が名古屋一栄から今池、池下まで延伸したのを記念してつくられた。2007年今池商店街有志がCD版に復刻、地域限定版として売り出す。毎年開かれる今池まつりのパレードに流している。

また1966年中日劇場こけら落とし公演「ザ・ピーナッツショー」に出演（中日劇場は2018年に閉場）。1975年名古屋市民会館（現日本特殊陶業市民会館）で開かれた引退記念リサイタルでは、「ウナ・セラ・ディ東京」（岩谷時子作詞、宮川泰作曲）をフィナーレとした。この曲は1964年東京オリンピック開催の年に発売され、イタリアやドイツでカバーされ、世界的に歌われた。評論家には「ザ・ピーナッツといえば、ユニゾンの美しさだ」と絶賛された。

「ザ・ピーナッツ」は史上初の双子の歌手。双子を奇異なもの、縁起の悪いものとしてとらえがちだった旧弊を覆し、価値のある同調性の素晴らしさを認めさせ、双子にとって胸を張って生きていける指針となった。

【参】「大切に歌い継ぐ」『中日新聞』2016.7.12 ／ 野地秩嘉『昭和のスター王国を築いた男 渡辺晋物語』マガジンハウス 2010

稲木 長子 （いなき ちょうこ）

生年不詳

保育・母親運動地域活動家

家族がカトリック信者だったため、子ども・人間を心から愛する精神を育てられた。朝鮮戦争のころ、生まれた混血児が大阪の修道院前に捨てられていたので矛盾を感じ、戦争をやめさせなければと思い、1951（昭和26）年東邦学園付属保育園の保母になった。女性が働き続けるには保育園が必要と、母親運動に積極的に参加した。保育係のほかに、カンパ集め、物資を売って資金集め、大会会場の飾りつけなど裏方の仕事をした。若いときは火の玉のような勢いで、日本母親大会分科会の司会者を務めたこともある。

1955年昭和区八事、のち平針、日進町（現日進市）に転居した。日進町で1975年共

産党から県会議員選挙に立候補し落選、その後も母親運動を根付かせる努力を続けた。

1993年、一人では暮らせない低い年金に老後の不安を持っていたので、だれもが安心して暮らせる最低年金制度を国の保証で作らせたいと願い、その実現のために愛知年金者組合に婦人部（現女性部）が必要との要請を受けて設立に努力、初代婦人部長に就任した（1998年まで）。2年目には機関紙『おとめだより』を創刊、年金者組合を大きくする力になっている。
【参】中西静子・藤野道子「聞き書き稲木長子さん　どこに住んでも母親運動を」愛知女性史研究会編・刊『母親運動を育てた人々－愛知女性のあゆみ第二集』1989

稲葉　安江　（いなば　やすえ）旧姓小島

1933～
愛知県平和委員会事務局長

長野県中野市（旧倭村）生まれ。長野県立中野高校卒業後、倭村役場に就職した。田舎暮らしに満足できず名古屋へ出て中部社会事業短大（現日本福祉大学）に入学し、学生運動をする中で、各種の平和・民主運動に関わり、1958（昭和33）年、卒業と同時に愛知県平和委員会の専従事務員となる。安江が専従事務員になった年は国民平和大行進が始まった年で、名古屋駅前で大行進団を迎えたときの感激は今も鮮明だという。事務員として働いた時期は、全国的にも平和運動が盛んなときで、原水禁運動をはじめ、メーデー、平和行進、母親大会など各団体が大同団結して行う運動の多くに関わった。1970年代は「革新自治体の時代」と言われるように全国に続々と革新自治体が誕生した時代だったが、原水禁運動は路線の違いから分裂・統一を繰り返し、中心的な役割を果たしていた平和委員会も運営は困難を極めるなかで、1977年に事務局長に就任した。

大変な思いもしたが、1987年に30年間務めた平和委員会を退職。稲葉武治と結婚し、老後は郷里で暮らしたいとの願いを聞き入れてくれた夫とともに終の棲家を武治が自ら4年の歳月をかけて作り上げ中野市に移住。二人は山中の小さな部落に住みながら、多くの団体に所属し、手作りのミニコミ紙を発行して地域住民と手を携え精一杯活動を続けたが、武治は2015年に他界、それ以後独居。

名古屋時代もいずみの会の会員として色々文章を遺したが、現在は日本民主主義文学会長野支部の会員として、年一度の文学誌『ちくま』に創作やエッセイをかねくらたつ子のペンネームで書いている。
【参】かねくらたつ子「一歩、一歩。あるく」『ちくま』第43号 日本民主主義文学会長野支部 2017

井並　三千枝　（いなみ　みちえ）

1922～？
民主商工会活動家

市生まれ。尋常高等小学校を卒業すると同時に逓信局（現郵政局郵便課）へ勤めたが、空襲で足に大やけどを負い疎開。

1945（昭和20）年に市に戻り、1948年に日本陶器に勤め、生活の大変さに労働組合に入り、賃上げ闘争に参加して馘首された。1952年民主商工会の本部に勤務。大須事件の集会にも参加した。同事務所に平和運動の団体の出入りがあり、母親運動への関わりも生まれた。第1回の愛知母親大会では、学校への寄付金の多さを発言した。1959年に事務局を辞め、夫と自動車部品の修理工場を始めた。民主商工会の婦人部の創設にも参加し、1960年の第8回日本母親大会（京都）には大勢で参加。

1962年新日本婦人の会愛知県本部が発足、加入し平和運動にまい進する。1972年市文学講座を受講。児童文学「波紋の会」に所属し「小野田さん生還に思う」（波紋第3号）「私の故郷」（同12号）や「お話を選ぶ」（同18号）など戦災のひどさやむごさ、戦争の真実を伝えたいと書き投稿し、読み聞かせ等の活動を続けた。

【参】長沢静子・三輪久美子「井並三千枝さん聞き書き　戦争は反対と語り続けて」愛知女性史研究会編・刊『母親運動を育てた人びと－愛知女性のあゆみ第二集』1989

井上　やよい （いのうえ　やよい）

生年不詳

波紋の会発起人

1945（昭和20）年〜55年ごろ、井上は市昭和区で内職をしながらラジオを通じて社会を知ろうとしていた主婦であった。夫はマグロ漁船の無線通信士だったので、

1954年3月1日のビキニ水爆実験で被爆した第五福竜丸事件は他人事ではなかった。無線長の久保山愛吉が死去した9月、激しい怒りを誰かに話したいと書いた手紙を『毎日新聞』家庭欄「女性のひろば」に送った。この手紙が、同じような意見の3人の投稿とともに掲載され、昭和区在住の投稿者の集まりから、県内外の『毎日新聞』女性読者の「波紋の会」が誕生、年1回文集を出すようになった。

波紋の会は、全国の読者の協力を得て、伊勢湾台風の被災者に毛糸で編んだモチーフをつないだ毛布や野菜を送る活動をした。その後も多くの仲間とともに、公害問題、ごみ問題、省エネルギー、老人福祉、戦争を語り継ぐ、など身の回りの問題を学習し、次代に受け継ぐべきことを語り合った。平和への願いが一貫した活動であった。

【参】戦後名古屋市婦人教育史研究会編『戦後名古屋の婦人教育－回顧と展望』1994

今中　保子 （いまなか　やすこ）　旧姓森井

1931〜

女性史研究者

市一（現市立菊里高校）を経て南山大学社会学科卒業。市立前津、今池中学校教諭。戦後混乱期における女教師の生き方を模索、朝日女性サークル（朝日新聞社主催）に参加し、信夫清三郎名大教授の近代史講座で

学び、覚醒する。高校時代からの友人で生涯の盟友**中山惠子**の誘いで、1959（昭和34）年名古屋女性史研究会を設立した。以来、教職と女性史研究を生活目標とする。

夫の転勤で宮崎市立西中学校勤務、1965年広島に転居、中学校非常勤講師をしながら、先ず原爆で廃墟になり焼失した地元新聞（芸備日日、呉日日、中国）を探し求めて、1920年代大正デモクラシー期から1930年代ファシズム勃興期に至る近代女性史関係資料を収集した。

そこから浮上した女性教師と新婦人協会、働く女性と婦選獲得同盟、母子保護法制定運動、女給同盟、廃娼運動など、テーマごとに論文を作成し、『歴史評論』『歴史学研究』『芸備地方史研究』など歴史学術誌に投稿、掲載された。

1974年、広島婦人問題研究会を発会、近現代史、女性解放思想史などグループ学習を続ける。1982年には山代巴の備後地方生活記録運動（『民話を生む人々』而立書房）と交流し、『未来を拓くひろしまの女性』（広島婦人問題研究会 1983）を刊行した。原水爆禁止運動の拠点広島において、中学校教育にかかわりながら女性史在野研究を続け、仲間学習を通して歴史認識を鍛えてきたことは、反核、反戦、基本的人権（女性の権利）のゆるぎない思想的財産になった。

【著】『日本近代女性運動史－広島県を中心にして』 渓水社 2002

【参】中山惠子『お言葉を返すようですが…』 中央出版 1992

大内 美予子 （おおうち みよこ）

1935～

作家

静岡県生まれ。金城学院大学国文科中退。1972（昭和47）年、第1作『沖田総司』（新人物往来社のち新人物文庫刊）を出版。幕末の歴史を背景に新選組の若き剣士・沖田総司を中心に激動期に生きた男たちの群像を描いた。1974年『土方歳三』（新人物往来社）を出版。1986年に『中日新聞』「少年少女の頁」に県内17校の小学6年生と歴史上の人物について話し合ったことをまとめた『おしゃべり日本歴史』を1年間毎週連載。

【著】『おりょう　龍馬の愛した女』新人物往来社（のち PHP 文庫）1978

【参】「おしゃべり日本史 小学生と語る」『中日新聞』 1986.5.5

大塚 鏑子 （おおつか いくこ） 旧姓神谷

1935～

歌う弁護士、朝日大学教授

刈谷市出身、刈谷南中学校時代に声楽家の神谷幸枝と出会い、刈谷高校時代に、声楽家であり東京芸大師範科卒業の太田あきに声楽の教えを受ける。刈谷高校では受験科目だけでなく、芸術科目である音楽を選択し、陸上部に入って100mや走り幅跳びの選手としても頑張り、好きなこと、やりたいことを十分学ばせてもらえたと両親に深く感謝している。名古屋大学法学部在学中全国で最年少（21歳）で司法試験合格。卒業後は裁判官だった父親の影響で法曹界に入ることを決意し、

1960（昭和35）年県初
の女性弁護士として名
古屋弁護士会（現愛知
県弁護士会）に登録し
た。この10年後、1970
年には愛知県弁護士会
初の女性副会長を務める。

1987年に朝日大学に法学部が設置されて
からは、同大学法学研究科教授として務
める傍ら、名古屋家庭裁判所調停委員、
愛知県社会福祉協議会理事、名古屋市生
涯教育センター運営委員、岐阜県健康保
険審査会会長、また1986年4月から1993
年までは、当時新しく立法された男女雇
用機会均等法に基づく雇用機会調停委員
に任命され任務を全うした。また、1991
年から現在に至るまで瀬戸少年院篤志面
接員を務めており、少年たちの法律相談
に応じると共に、少年院の講堂でリサイ
タルを開くなど、音楽を通して、現在も
少年たちと心を通わせている。２０指に
余る役職を得、これらの活動が認められ
て2019年11月３日、「篤志面接員として周
到綿密よく職務を遂行した」ことで藍綬
褒章を授与された。また1985年からは『中
日新聞』「もめごとＱ＆Ａ」を12年間連載。
1993年から16年間、ＣＢＣラジオ「つボ
イノリオの聞けば聞くほど！」に出演し、
リスナーからのリクエスト歌曲を歌うと
ともに関連した法律相談に応答するレギ
ュラー番組を担当。趣味であり生き甲斐
でもある声楽は、1987年に電気文化会館
ザ・コンサートホールでのリサイタルを
初め、以後、ウィルあいち大ホール、愛
知県芸術劇場大ホール（5回）などでリ
サイタルを数多く行い、ＣＤ『大塚鍇子

ベストアルバム』を７冊出すなど本格派。
聖路加病院理事長の日野原重明とともに
尊敬する人として挙げる夫・大塚仁は刑
法学者で、名古屋大学法学部の恩師であ
る。
【著】『ソプラノ弁護士・大塚鍇子のなん
でも法律相談』 青林書院 2010

大脇 雅子（おおわき まさこ）

　1934～

　参議院議員、弁護士

岐阜市生まれ。1957（昭和32）年名古屋
大学法学部卒業。同年司法試験合格。岐
阜県下女性第１号となる。名古屋大学法
学部助手（労働法）を経て、1962年名古
屋で弁護士登録。労働、離婚、公害問題
等に取り組む。傍ら、大学で非常勤講師
として労働法や社会保障法を教えた。

1975年「国際婦人年あいちの会」が設立
され共同代表として広く女性差別撤廃に
取り組む。

1988年日本弁護士連合会の「女性の権利
に関する委員会」委員長。総評弁護団（現
日本労働弁護団）の一員として結婚退職
制やパートタイム差別など、名古屋で多
くの女性差別問題の裁判に関わる。自ら
の手で立法する側にと、1992年参議院通
常選挙に日本社会党比例区から出馬。２
期12年務める。護憲とともに男女雇用機
会均等法、選択的夫婦
別姓法、パートタイム
労働者の権利保護法、
環境アセスメント法、
廃棄物処理法等の立法、
改正に尽力した。

11

【著】『「平等」のセカンドステージへ』
学陽書房 1992 ／『マサコの戦争』講談
社 2004

岡崎 恒子 （おかざき つねこ） 旧姓原
　　1933〜
　　「岡崎フラグメント」発見者・分子生
　　物学者
市生まれ。名古屋大学理学部卒。同大大
学院入学と同時に岡崎令治と結婚。DNA
の研究中、名大大学院最終学年の1960年
にフルブライト旅費支給留学生としてワ
シントン大学（セントルイス）とスタン
フォード大学に留学。アメリカでは、男
女関係なく研究できてとてもよかった。
1963（昭和38）年夫が名大理学部助教授
になったので、帰国。女性が活躍しやす
い米国にとどまりたかった。研究室の助
手に就く。
帰国後30歳で第一子を、40歳で第二子を
出産。育児と研究の両立に苦労し保育所
の開設運動などを行う。保育園が終わっ
た後に研究室に子どもを連れ、ダンボー
ルに入れて研究を継続したこともしばし
ばだった。その後も夫婦でDNAの研究
に励み、とうとう1968年「岡崎フラグメ
ント」（DNAの2本の「鎖」が複製され
る際、1本の鎖では、まず短いDNA断
片が後で連結して複製される。この断片
に付けた名前）の論文を発表し、この分
野に大きな影響を与えた。
その後も、DNAの存在の実証研究を続
けていたが志半ば、広島で被爆した夫は
原爆後遺症の白血病で1975年に死去した。
一人で小学校6年生と2歳半の子どもを

育てることと併せて研究を続けるか悩ん
だが、恩師の手紙に励まされ研究を続け
た。1978年論文の実証に成功。続く研究
で複製の詳細な機構の解明に成功。1983
年名古屋大理学部で初の女性教授になっ
た。1989年名大を定年退官後、藤田保健
衛生大学（現藤田医科大学）教授として
哺乳類細胞の人工染色体に関する研究を
継続。2000年ユネスコと化粧品会社が、
卓越した女性科学者に贈るロレアル・ヘ
レナ・ルビスタイン賞と紫綬褒章を受章。
2004年、2007年に日本学術振興会北欧所
長として学術交流に従
事、2015年には文化功
労章の顕彰を受ける。
女性研究者への給付型
奨学金の必要性を訴え
た。女性が職を持ち生

きていくには、社会レベルの手助けが必
要との提言もしている。
【著】「不連続複製を紡いだ日々」『蛋白
質核酸酵素』vol 48、No. 6　共立出版
2003
【参】季刊『生命誌』中村桂子編集 32号
2001 ／「ロレアル賞に岡崎教授」『中日
新聞』 2000.1.11

岡島 艶子 （おかじま つやこ）
　　本名仁科つや 旧姓小牧
　　1909〜1989
　　俳優
父桃太郎は芸名を大谷友四郎といい、名
古屋宝生座座長の歌舞伎役者。母あさは
大谷と再婚。異父兄も歌舞伎役者。1915

（大正4）年、6歳のとき明治座で新派の子役で初舞台。1921年創立2年目の松竹蒲田撮影所に入り、6世嵐吉三郎から屋号の岡島屋を贈られて「岡島艶子」を名乗る。純情可憐な娘役で売り出し、以来スター街道を突き進む。1924年日本映画の父と呼ばれた牧野省三のマキノプロに入社、1926年東亜キネマに入社。1927年にマキノへ戻る。1926～28年が女優として最盛期。1929年マキノの映画監督の仁科熊彦と結婚。

1930年マキノが経営不振に陥り、退社する。第2次嵐寛寿郎プロダクション、富国映画社、宝塚キネマなど夫妻で移るがいずれも解散、艶子は1935年から3女の育児に専念する。戦後は地方巡業ののち1955年、東映と専属契約を結び脇役出演。その後フリーとなり、他社の映画やテレビに出演する。出演映画600本、テレビは500本以上にのぼる。代表作は坂東妻三郎と共演した『墓石が鼾する頃』（1925年マキノプロダクション）。

1980年第4回山路ふみ子映画賞（功労賞）受賞。女婿は川谷拓三（俳優）孫は仁科ふき（俳優）。

【参】石割平編著『日本映画スチール集・美人女優戦前編』ワイズ出版 2002 ／「人間登場・今も現役の炎」『読売新聞』1980.11.25

尾関 清子（おぜき きよこ）

1929～

東海学園短期大学名誉教授・被服考古学創始者、縄文の衣研究

愛知県出身。県立尾北高校卒業。1964（昭和39）年東海学園短期大学創立に際し講師として着任。最初は「手芸」を教えた。生活文化史を教えるようになり、1966～69年名古屋工業大学工業化学科内地留学。1970年、助教授となる。後、教授、名誉教授。日本の生活文化の歴史的変遷を研究。特に縄文時代の「櫛」に魅せられ、土偶の結髪に目を注ぎ、さらに土偶にブラウスやシャツ、ズボンらしきものが数多くあるのを見て、研究を進めるうちに、「縄文人はファッショナブルだったのでは？」と考えるようになる。縄文の編物や織物を知るには、遺跡から出たわずかな実物の遺品や土器の圧痕から日本最古の布とされる編布（あんぎん）（簾や俵と同じ編み方の縄文の布）の復原に取り組む。試行錯誤の末、1987年新潟県十日町市博物館で越後あんぎんの製作指導を受ける。文化庁、博物館、資料館のほか埋蔵文化財や遺跡関係者、時宗の各寺院に指導してもらった。全国9つの縄文遺跡の編布の全て30種類の布を復原した。

65歳のとき大学を退職し、1996年研究成果を『縄文の衣』にまとめる。これまで「織物は弥生時代に大陸から」、「刺繍は飛鳥時代に仏教とともに渡来」など衣文化は大陸依存の先入観があったが、見直しをする。

『縄文の衣』により相沢忠洋（群馬県岩宿遺跡発見者）賞を受賞。2010年〜2011年宮城県一迫町に移り住んで、一迫町埋蔵文化センター名誉館長を務める。2018年88歳の時、立命館大学で文学博士号を授与される。博士論文は「縄文の布−日本列島布文化の起源と特質」、縄文布の研究で博士号は日本初。
【著】『縄文の衣−日本最古の布を復原−』学生社 1996
【参】「相沢忠洋賞 尾関清子さん」『朝日新聞』1996.9.14

織田 弘子 （おだ ひろこ）

1924〜1999

盲導犬育成募金ボランティア

市港区稲永に在住。

1981（昭和56）年秋転居してきた視覚障害者の隣人と付き合う中で、盲導犬の重要性を理解し、中部盲導犬協会に募金活動への協力を申し出た。募金活動のボランティアを始めた人が減っていったが、一人になっても木曜日と悪天の日を除いて、ほぼ毎日名古屋駅や栄町のデパートの前で盲導犬と共に募金を呼び掛けた。募金者との交流も深まり、旅先で土産を買ってくる人や風邪をひかないようにとクリスマスにマフラーを贈った人も。応援されていることに感謝しているとコメントし、また街頭に立つことで友人もでき「募金活動は私の生きがい」と17年間にわたりその活動を続けた。また、街頭で織田に声を掛けられた人が、募金ボランティアに参加した。織田が亡くなった1999年頃にはボランティアも80人位に増え、募金額も倍になった。
【参】「街頭募金のボランティアに贈り物」『中日新聞』 1991.12.7 ／ 「盲導犬の母 織田弘子さん死去」同 1999.9.11

小野 敬子 （おの けいこ）

1935〜

児童文学作家・新美南吉の研究

東京都中野区生まれ、県立半田高校卒。母親になってから新美南吉に傾倒。1971（昭和46）年半田市教育委員会の児童文学講座受講後、婦人大学講座や児童文学講座の企画、準備を担当。1972年「児童文学波の会」発足に参加、会員となる。1976年佛教大学通信学部国文科に入学し、「新美南吉の研究」を卒論に1980年卒業。学長賞を受ける。

小野は波の会の機関誌『波紋』に南吉の小論を載せた。半田高校１年生時の担任の陸井清三、半田高校恩師の森平之、南吉の半田中学時代の親友花井仁六らと共に散歩し、話を聞いて執筆した。1992年その小論をまとめて『南吉童話の散歩道』を出版。また、波の会の会員として、南吉童話のストーリーテラーとして活動。半田市児童図書選定協議会委員もつとめる。半田市にある南吉の記念碑32基中12基の文学碑を取り上げた『新美南吉詩碑の散歩道』を

出版。
【著】『新美南吉詩碑の散歩道』中日出版
2008

筧　久江（かけひ　ひさえ）　旧姓横田
　　1931〜
　　中学教師、社会活動家
市生まれ。家庭は男女差別なく進取の気
風に富み上級学校へいくのが当たり前だ
った。母は女も経済的に自立するべきだ
と考えていた。父は電気
工学を学び電気鉄道施設
のため名古屋に来た。久
江は市瑞穂区御劔小学校
から市三（県立旭丘高に
吸収合併）に入る。女学
校１年の１学期間のみ勉強、あとは勤労
動員法に基づき、学校軍需工場で兵器づ
くりに携わる。1945（昭和20）年１月23
日のＢ29の直撃弾を受け、学校ごと岐阜
県落合村に疎開。学友の死や多数の名古
屋市民の山積された死体を目のあたりに
し、日本もアジア諸国に対して残虐なこ
とを行っていたことを知り、反戦・平和
希求の活動の原点として深く心に刻んだ。
1949年新制名古屋大学へ女子も進学可能
になり文学部哲学科に入る。全学742人中、
女子は12人。学部を卒業した時、もう少
し学問をする必要を感じて大学院文学研
究科社会学科へ入学。院生自治会の全学
部の組織作りに携わり愛知女子学生の会
を結成。1954年３月南山大学の体育館で
フォークダンス大会を開催、県下300名の
男女が参加。５月には文学部祭、新村猛

教授から８月15日には解放記念日祭をや
っていただきたいといわれる。また院内
では単位制闘争に取り組み、要求を実現
させた。朝日女性サークルの立ち上げ、
各種ボランティア、サークル、労働組合
との交流活動で貴重な社会勉強をしたが、
院卒業は１年遅れ1956年修士課程修了。
スポーツにもよく親しんだ。　1957年名古
屋市立中学校教諭。教育の現場は、非合
理、非科学的、男女差別、不平等きわま
りないものだった。女教師だけがお茶く
みや日直。この悪習を中止させる。全教
職員の労働条件の向上と児童生徒の学習
権の充実のための活動が絶えず必要とさ
れた。職場の民主化闘争や女性の権利獲
得に戦った。組合の役員に絶対なれなか
ったのは愛知の公立義務教育界は旧師範
の学閥が固く支配していたから。1992年
定年退職後休む間もなく愛知母親大会連
絡会の事務局長になる。４年後は地域の
活動に参加するようになる。現在は愛知
ＡＡＬＡ（アジア・アフリカ・ラテンアメ
リカ連帯委員会）の副理事長。
【参】『新制名古屋大学第１期女子学生の
記録』私家版　2003

梶浦　南美枝（かじうら　なみえ）
　　1933〜
　　「なごや松川守る会」副会長
市東区生まれ。1952（昭和27）年に高校
卒業後、働きながら育英資金を得て愛知
県立女短大二部（現県立大）を卒業。自
動車メーカーの事務員、全国金属労組の
書記、中川運河畔のベニア工場工員、小

商社事務など仕事を転々としたのは、会社の倒産や人員整理のため。1952年結婚するも1973年離婚。以後現在まで独居。1975年市学校給食調理員試験に合格して19年間、定年まで学校給食調理員として働く。

1949年に福島県松川で起きた列車転覆事件で20人の労働者が起訴され5人の死刑を含む全員が有罪とされた「松川事件」（最終的には全員無罪）は、権力によるでっち上げ事件として全国的に裁判支援の松川事件対策協議会が結成された。名古屋では二審判決後の1959年に「なごや松川守る会」が作られ、梶浦は直ちに会員となり、副会長、事務局次長、運営委員などを歴任した。同年齢の**佐藤貴美子、浜島成子**と共に３人娘と呼ばれた。でっち上げなどと言おうものなら、「火のないところに煙はたたぬ」と言われ、職場がいかに時の権力、為政者たちの思うつぼにはまっていたかを思い知らされる。それ以後、聴くこと、読むこと、語り合うことを家族間でも友人間でも努め、高齢期になってからはとくに思い込み、決めつけに注意することを信条にしている。

【参】なごや松川守る会「松川の火だね」編集委員会編・刊『松川の火だね－私たちの歩いてきた道－』1964

柏木 たゑ子 （かしわぎ たえこ）

1931～

愛知過労死家族の会会長

知多郡東浦生道で生まれる。家は自作の田畑を持ちながら瓦や石を売買するのを生業としていたので裕福だった。たゑ子は小学校１年から神戸の繁華街にある叔母の家に請われて同居。すぐ前が映画館だったので毎日のように映画を見る。また一人で神戸異人館まで行って街を散策していた。１年生から６年生まで文化的な生活を送るが、いよいよ学童疎開になり実家に戻る。その後進んだ刈谷高女は遠く４里の道を自転車で往復した。学校は飛行機の部品工場で昼からは講堂で防空頭巾とゲートルを巻いて女性体育教師の下で訓練をし、さらに運動場を耕してサツマイモを植える生活が１年生の夏まで続いた。

敗戦後は学制の改革で、試験がなく愛知学芸大学（現愛知教育大学）へ入学する。洋裁に興味を持ち、親は大きな裁ち台や当時はまだめずらしかったミシンを買ってくれた。洋裁関係を勉強したくて４年間の教員生活を終えたとき、東京の文化服装学院が全国に洋裁教師の呼びかけをしていたのを知り教育研究科を受験し合格。東京に移り住み新しい洋裁を研究し実習を重ねた。10人部屋の寮生活で千駄ヶ谷の風呂屋まで行った。東浦へ帰って愛知学芸大同窓生の柏木恒雄と結婚、息子２人を育てながら、頼まれて御園座の中の洋裁教室で洋裁を教える。恒雄は1979（昭和54）年市立豊正中学に理科の教師として勤務。1981年から生活指導主任を務めていた。当時の中学は荒れた時代で生徒数1560名のマンモス中学。たばこ・シンナー・授業妨害・教師への暴力・万引き・窃盗・恐喝となんでもありでよく警察にも生徒を引き取りに行っていた。名古屋駅近くの校区だったせいで夜回り

も欠かせなかった。生徒たちの事件が起こったときは報道関係者・警察への対応や現場検証などすべてに立ち会い、有給休暇をとったことがなくすべて出勤。1983年5月に過労死。支払基金（地方公務員災害補償基金）側は過労死を認めず、たゑ子は支払基金の不当な裁定に怒り、裁判闘争に立ち上がる。管理職をはじめ職場のすべての応援、医者、学者、仲間の教員などの支援を得て、過労死が認められ裁判は勝利する。たゑ子は休む間もなく実態の報告、後に続く過労死裁判の応援などで忙しい中、愛知の「過労死家族の会」の会長を引き受けた。中村区から守山区に転居するが転居先でも町内会長などを引き受け、周りの人々の輪や団結に尽くしている。

【参】熊沢誠『過労死と過労自殺の現代史』岩波現代文庫 2010

加藤 奈々枝 （かとう ななえ）

　　1928～2010

　　名東福祉会会長

東京都生まれ。1949（昭和24）年に結婚。1953年七五三の健康優良児コンクールで優勝した長男が、年末に高熱が続き左半身まひ、重度の知的障がい児となる。障がい者、とくに知恵遅れの人への社会的支援が弱い中で、長男の療育、次男、長女の子育てに苦労する。改善を働きかけるなかで、1960年、精神薄弱者福祉法が制定され、どのよう

な障がいがあっても就学できるようになる。1972年に夫病没、1979年には養護学校の設置が義務化された。1981年社会福祉法人名東福祉会設立、メイトウ・ワークス所長となる。1985年天白ワークス開所後、常務理事として運営にたずさわる。1988年には障がい者の雇用促進法が改正され、精神薄弱者も対象に含まれるようになったが、現実には自立できる働き方は難しい。加藤奈々枝たち親や支援者は、「手をつなぐ親の会」「肢体不自由児父母の会」「社会福祉法人あさみどりの会」などそれぞれ組織を設立して、現実に立ち向かう。

加藤は重症児を持つ親の会「麦の会」会長、精神薄弱者相談員、精神薄弱者職業相談員、「名古屋手をつなぐ親の会」事務局長等に就き、社会教育にもかかわった。授産施設づくりに献身、「障がい者の母」といわれる。1987年中日社会功労賞受賞。

【著】『花影の譜』大揚社 1986 ／『なみだのおほしさま』SENJU 1989

門 玲子 （かど れいこ）

　　1931～

　　作家、女性史研究者

石川県生まれ。金沢大学文学部を卒業後、北陸新聞の記者として3年ほど働く。1967（昭和42）年同業の夫の転勤に伴い、県に転居。金沢の同人誌『朱鷺』の仲間との交流を続け、投稿をしていた。江戸化政期の女流詩人にして書画家の江馬細香が大垣出身と知り、漢詩への共感と共にその生き方に興味が湧き研究を始めた。

1977年名古屋で開かれた「女性史のつどい」で、尾西（現一宮市）の**浅野美和子**に出会い、愛知に近世女性史の勉強会が欲しいと1978年「あごら」の会員だった**高橋ますみ**も誘い友人らと「知る史の会」を結成。女性史学習と江戸時代の文書を読み合うなどした。1979年には『江馬細香－化政期の女流詩人』を自費出版する。1980年に第8回泉鏡花記念金沢市民文学賞を受賞。1992年にはもっと細香の漢詩を広く知ってほしいと『江馬細香「湘夢遺稿」上下』を現代語訳して汲古書院より出版。江戸期の物語・紀行・日記・評論・漢詩・和歌・俳諧の各ジャンルで活躍した50余人の女流文学者の作品を読み『江戸女流文学の発見』として1998年藤原書店から出版し、毎日出版文化賞を受賞。2006年、江戸期の思想家・文明批評家とも言われる仙台在住で『独考』を著作した只野真葛（『赤蝦夷風説考』の著者工藤平助の娘）の生涯を、『わが真葛物語』としてまとめ藤原書店から出版した。さらに、2010年には『江馬細香－化政期の女流詩人』を再版し藤原書店より出版。2005年の西尾市岩瀬文庫「こんな本があった」の報告展で『小鶴女史詩稿』を見つけた。作者は柳田國男の祖母松岡小鶴であった。全編漢文で書かれ、男性と同じように学ぶ場が欲しかった小鶴の思いに共感し、詩稿を現代語に訳し、その人生をまとめて『幕末の女医、松岡小鶴』を2016年藤原書店から出版した。
【著】『江馬細香－化政期の女流詩人』藤原書店 2010 ／ 『江戸女流文学の発見』藤原書店 1998

亀井　節子（かめい　せつこ）
　1932～
　亀井労務管理事務所所長
愛知大学法経学部卒。一宮市役所の納税係を10年勤め、その間社会保険労務士の資格を取得、1966（昭和41）年退職後、翌年35歳で労務事務所開設。1986年男女雇用機会均等法が制定されたのち、労働法の変化に応じて企業や団体の相談が増える。自治体の審議会委員に依頼され、大学で社会保障論・労働問題の講師を務めるなど、時代が必要とする問題の先端に取り組む。正社員で終身雇用が当然の時代から、雇用形態の多様化が進み、勤務時間もフレックスタイムを取り入れる企業が増え、企業の人事担当者が時代の変化に迫られて知恵を借りに来るようになる。特に女性や高齢者の働き方の変化は現在も進行中で、社会保険労務士の需要が高まっている。亀井は、中日文化センターなどで社会保険労務士養成講座の講師も務め、この仕事は女性向、やりがいのある仕事と、女性を励ましている。
【著】『女35歳からの再就職』学陽書房 1986
【参】「亀井節子さん」『行動する中部の女性群像 淑女録 STAGE 2』中部経済新聞社 2001

川原 暁子 （かわはら さとこ）

1931〜2006

医師、老人保健施設愛泉館初代施設長

市生まれ。名古屋市立
大学医学部卒。

1953（昭和28）年、ク
リスチャンとして同じ
信仰を持つ胸部外科医
の川原啓美（ひろみ）と結婚。以後二人三脚の人生
を歩む。医療法人財団愛泉会を母体とし
て、1980年多くの協力を得て日進市にア
ジア保健研究所（通称ＡＨＩ）を開設し、
アジア各地で人々の健康を守るために活
動する保健ワーカーを育成する。1981年
同地に愛知国際病院を開院し副院長とな
る。ＡＨＩで東南アジア、オーストラリ
ア等の研修生から多くを学び、翌年から
訪問看護を始める。暁子の医師としての
スタートは麻酔医だったが、訪問看護に
必要な簡単な外科的施術や皮膚科の処置
等も身につけた。並行して在宅ケアを進
めるうちに高齢者問題は女性問題だと考
え、高齢者の家庭復帰への中間施設、支
援する施設として老人保健施設の必要性
を強く感じて1992年老人保健施設愛泉館
を設立し初代施設長となる。

1999年には愛知国際病院に県で初めての
ホスピス（緩和ケア病棟）も併設した。
この後、2000年4月、保健・医療・福祉
のネットワークである介護保険制度が生
まれた。

【著】「老人と共に夢を求めて」『健康文
化』31号 2001

【参】川原啓美編『私たちのホスピスを
つくった　愛知国際病院の場合』 日本評
論社 1996

木内 みどり （きうち みどり）　本名水野

1950〜2019

俳優・司会者

市生まれ。小学校1年生まで在住。父の
転勤で各地を転々とする。東京日大櫻丘
高校を1年で中退。1967（昭和42）年劇
団四季研究所に入り、1968年テレビデビ
ュー以来幅広く演技できる俳優として映
画やテレビに出演。

1986年に水野誠一と再婚。水野は西武百
貨店社長、参議院議員（さきがけ）を歴
任し、現オリコングループ取締役。一女
あり。2001年静岡県知事選に立候補した
夫水野が中部電力浜岡原発の安全性への
疑問を投げかけた時には、「難しい話を始
めたなあ」と思う程度だった。

2011年3月、東京電力福島第一原発事故
が起こる。木内は「私の人生は事故後に
完全に変わり、脱原発のためにできるこ
とは全て行うと決心した。誰も責任を取
らず、原因究明もしない日本に対して怒
っている」（2014.4.11ロンドン脱原発集
会）と述べた。「私こそが無関心、無責任
だったんじゃないか。気づいて行動でき
る機会はいくらでもあ
ったのに」と脱原発運
動に打ち込んだ。2016
年「市民のための自由
なラジオ」のパーソナ
リティとなる。寄付で
運営するラジオ番組で初回のゲストは小
出裕章。脱原発集会の司会や参議院選挙
の山本太郎・舩後靖彦・木村英子の司会
や応援を行う。

2016年から広島原爆をテーマにした絵本

『おこりじぞう』の朗読をライフワークとした。最後の仕事は広島原爆死没者追悼祈念館による企画展『時を超えた兄弟の対話－ヒロシマを描き続けた四國五郎と死の床でつづった直登の日記』の朗読、収録後広島で急性心臓死。

【著】エッセイ集『指差し確認』鎌倉書房 1989

【参】「同じ空の下で 東日本大震災5年（3）」『朝日新聞』 2016.3.16

岸本 清子 （きしもと さやこ）

1939～1988

現代美術作家

市生まれ。岸本鎌一、夏子の次女。県立旭丘高校美術科を経て1959（昭和34）年多摩美大日本画科入学。翌1960年読売アンデパンダン展出品、同年、日本の現代美術史に残る前衛集団「ネオ・ダダイズム・オルガナイザーズ」展参加。この集団には荒川修作、赤瀬川原平、工藤哲巳等々がいた。前衛風の作品を東京で発表、1972～75年宮崎勁一と結婚。1979年乳がん手術、帰名した後は開き直ったかのように絵を描きまくり、市大須などで街頭パフォーマンスを繰り広げ、美術評論家中原祐介との対談公演を市内の桜画廊で開く。

1983年には参院選東京選挙区から立候補した。ギャラリー ラヴコレクション、ギャラリー79など名古屋の画廊と東京の画廊で個展を開き作品を発表し続ける。明治以降の日本を「西洋のコピー」ととらえて強い反発を感じ、21世紀には新しい日本文化の開花を夢見ていた。それだけに当時パリ在住の画家・荻須高徳の作品を中心とする「荻須美術館」構想が名古屋市立の美術館として浮上すると、反対して街頭に立ち、有志とともにハンストも行った。

その結果、荻須高徳の出身地に「稲沢市立荻須記念美術館」として1982年に開館した。1986年乳がん再発のため活動休止。1988年5月病床での似顔絵スケッチを始め、200枚にのぼった。6月個展「病床似顔絵スケッチ展－魂の復活－」、9月個展「女桃太郎ザムライ・岸本清子の唄と語りの夕べ」を立て続けに開き、12月他界した。

【著】『I am 空飛ぶ赤猫だぁ！画家・岸本清子』美術出版社 2009

【参】岸本清子遺作展準備委員会『岸本清子1939－1988』 ラヴコレクションギャラリー 1990

北原 遥子 （きたはら ようこ）

本名吉田由美子

1961～1985

俳優

市千種区生まれ。1964（昭和39）年神奈川県川崎市に転居。神奈川県立横浜平沼高校中退。幼少時よりバレエと器械体操を習い、1978年全国高校体操神奈川県大会個人総合優勝など、多くの大

会で優勝、国際大会出場など活躍した。高校時代は次世代の五輪代表といわれたほど将来を嘱望されたが、度重なる怪我や体格の変化で競技生活から遠ざかっていた時に、宝塚歌劇団花組公演の「ベルサイユのばら」を観劇し宝塚を志す。79年宝塚音楽学校合格。1981年67期生として花組公演で初舞台を踏む。同期には黒木瞳、涼風真世、真矢みきらがいる。その後雪組に配属。当初は男役、1981年9月「暁のロンバルディア」で王女ソフィア役に抜擢された。これを機に娘役に転向。宝塚随一の美女と謳われた。1984年退団。映画やドラマなどでバク転を披露し、CMやミュージカル出演など活躍の場を広げ始めていたが、1985年8月群馬県御巣鷹山に墜落した日航機事故で死亡した。

【参】吉田公子『由美子へ』扶桑社 2006

久志 芙沙子 （くし ふさこ）

本名ツル、婚姓坂野

1903～1986

幻の沖縄女流作家

沖縄の没落士族の出身。祖父は琉球王国総理大臣。県立沖縄女学校卒。一人っ子。女学校時代に親友の家で女流雑誌を乱読し、短歌を投稿、自分の世界にめざめる。卒業後代用教員として2年間働く。19歳で銀行員安良城盛男と結婚し台湾へ。安良城の失業、職を求め東京へ更に名古屋へ。仕事もうまくいかず、子どもの養育もできずなど精神に異常をきたし、自殺を図るが助かる。その後生活は安定した

が、思うに任せず悶々とする思いを書くことで解消していたが、結婚生活に耐えられず、協議離婚。漠然と作家として立とうと決意。新天地を求め東京へ。医学部を受験する下宿人・坂野と共に上京、同棲する。そして離婚の慰謝料をもとに文筆開始。『婦人公論』の実話募集に応募、入選する。続いて、「片隅の悲哀」と題し、沖縄の貧しさや身元を隠さないと商売もできないなど差別の現状を書いた短編小説を応募。1932（昭和7）年『婦人公論』6月号に「滅びゆく琉球女の手記」と改題され掲載される。

ところが、作品は沖縄を中傷すると沖縄県学生会から抗議され、翌月には釈明文を書く。芙沙子は、沖縄の実情を書いた、「沖縄民族」の語句を沖縄に住む人という意味で書いたのみで、人間としては皆同じであること、学生会の「朝鮮民族・アイヌ民族と同列にしてもらって云々」は逆に自らが差別意識を持つこと、と反論した。続編の出版は停止になり、出版への批判による家族・縁者への被害を拡大させたくないとこれ以後筆を折った。この後、沖縄人を封印し、内地人としてふるまう。坂野の大病の治癒をもたらした新宗教団体解脱会（1929年岡野聖憲創設）に入信。坂野は1938年名古屋で内科医を開業。その後4男2女を育てながら、市中川区で解脱会の支部を創設して支部長になり、信者の悩みを聞き、相談に乗り、講話もすらすらできた。まるで沖縄のユタのように。宗教活動を通して沖縄

人の心根を実感した。

【著】「片隅の悲哀」、「釈明文」沖縄文学全集編集委員会編『沖縄文学全集』第6巻 国書刊行会 1993

【参】大島真寿美『ツタよツタ』 小学館文庫 2019

鯨井 久美子 （くじらい くみこ）

1933～

理美容師、（株）クジライ会長

東京品川生まれ。母江つは理容師、実父は先祖代々続いた歌舞伎役者の結髪職人。小学校4年まで東京の叔母に預けられた。継父の転勤で名古屋へ。終戦後英語の響きに魅せられ、進駐軍ショップPX（栄）に出入り、異文化のファッション、音楽、食べ物に興味を持つ。1949（昭和24）年特例試験（戦争引揚者のための）で理容師の資格取得。あと1年の卒業を前に新制高校を辞め、母の経営していた理髪店を手伝う。1958年物部高信と結婚。岡山に嫁いで間もなく母江つの店が危うくなり、夫婦で鯨井家に養子に入る。1961年ウィッグサロン（株）クジライを設立。育毛術を施す男性カツラ相談室を開始。1964年に美容方面の事業も拡張する。店内でクラシック音楽を流したり、「裸で会議」（会社の重役クラスに朝サウナに入ることを勧める）や会員制クラブを新設。フロアにはネクタイショップや化粧品を置き、ブティック経営を始め、1968年ホテルナゴヤキャッスル店を皮切りに多店舗展開を行い、クリスチャンディオール等舶来高級品やダンディ化粧品を扱う先駆け的存在となる。1982年代表取締役社長、1993年会長。日本整髪科学研究会代表。日本クリニカルエステ専務理事。

【参】『行動する中部の女性群像 淑女録 STAGE 1』 中部経済新聞社 1998

久世 妙子 （くぜ たえこ）

1931～

教育心理学研究者

県生まれ。1953（昭和28）年名古屋大学教育学部教育心理学科卒。発達心理学を学ぶ。現代の子どもを取り巻くあらゆる環境を実践的にとらえ児童学・保育学を子ども理解のための学問と位置づけ研究を続ける。保育活動の実践を教育活動のなかでとらえる。『発達心理学』（1991）、『人間関係』（1992）、『保育内容総論』（1994）などを共著で福村出版から出す。移り変わる現代社会のなかでの子どもの生活その発達の事実をつかみ、理解し理論化していく姿勢を一貫して追求した。愛知教育大学教育学部教授となり1993年に附属図書館長になる。その後、2004年椙山女学園大学教授となる。

【著】『現代の子ども』福村出版 1994

その他著書・共著多数

栗原 良枝（くりはら よしえ）

1932〜2003

有機化学研究者

県出身。1955（昭和30）年東京工業大学理工学部化学コース卒。1960年博士課程修了。1967年、フロリダ州立大学のバイドラー教授の研究室に留学した良枝は、初めて「ミラクルフルーツ」に出会った。ミラクルフルーツとは南アフリカ原産、アカテツ科の灌木のオリーブ大の赤い実のこと。原住民は、酸っぱいヤシ酒や発酵したパンに甘味をつけるために何世紀も前からこの実を使ってきた。酸っぱいレモンが甘くなった驚きから帰国後も研究にのめりこむ。1988年、「ミラクリン」（ミラクルフルーツに含まれる蛋白質）の抽出、構造解明に成功する。次いで、マレーシアの留学生からミラクリンに似たはたらきの果物が、ペナン島にあると聞き、1988〜89年の冬休みに訪れた。キンバイザサ科のクルクリゴの実から「クルクリン」の構造解明にも成功する。「クルクリン」はそれ自身ここちよいさわやかな甘味を持ち、水や酸を甘くする。この研究は安全で新しい甘味剤が合成でき、糖尿病の治療や予防に大いに役立つと夢を語っている。

1970年代にバイドラー教授から送られたミラクルフルーツの種から約1700本の苗木を育て、1994年各県の教育センターを通して全国の小中高校に配った。「私がミラクルフルーツに出会った時の感激を分かち合いたい」「理科離れが問題となっている今、生徒が自然の不思議にうたれ、科学する心が芽生えるように」と祈る。また、研究材料として農水省の研究所や全国の農業試験所にも提供。夫は栗原堅三・北海道大学名誉教授（有機化学）。

【著】栗原良枝「甘味の科学」渡辺正・桐村光太郎編・日本化学会監修『夢！化学・味の秘密をさぐる』丸善 1996

栗本 伸子（くりもと のぶこ）

1933〜

アジア史研究者、千種区9条の会代表朝鮮ソウル生まれ。1945（昭和20）年日本に引き揚げ、1955年名古屋大学史学科卒業。市立中学校勤務、大学非常勤講師、地域の歴史を学ぶ会講師等を務める。その間千種区母親連絡会、千種区の共同保育・保育園・学童保育づくり運動にかかわる。その経験を土台に、「町づくりの歴史 新しい町千種台」を書いた。

住民要求を市と交渉する「社会教育協力委員会」をつくり、各種組織の協力で、地域を発展させるために発言し行動する歴史を書き、その他の地域活動史とともに、**大野逸子、小島悠紀子、橋本寿子**らと、千種区母親連絡会編・刊『千種の地域運動の歴史と展望』にまとめた。

のち呉希文『瑣尾録（さびろく or そぇみろく）』（朝鮮の民間文化人が、16世紀末秀吉の朝鮮侵略にあった時の約9年間の日記、題名はうらぶれ衰えたさすらい人の記録の意味）を**河田いこひ**とともに翻訳、わかりやすいように抄訳にもまとめ出版した。

【共訳】『呉希文　瑣尾録』上下2巻　日朝協会愛知県連絡会 2018
【参】千種区母親連絡会編・刊『千種の地域運動の歴史と展望』1981

桑原　恭子 （くわはら　きょうこ）
　1932〜
　作家

市生まれ。市立向陽高校卒業。
1954（昭和29）年名古屋在住の小谷剛主宰の同人誌『作家』に参加。1957年処女作「明日の樹」を
雑誌『婦人朝日』に発表。1965年「裸の砂」が直木賞候補となる。1968年「風のある日に」で「作家賞」受賞、
1974年『作家』を脱退。以後中央の文芸誌『すばる』や『海燕』において創作活動を続ける。1986年発表作品の『木霊の夏』の戦争未亡人を扱った「風のみち」が、1987年には一人芝居の役者の紀奈瀬衣緒により劇化され、名演小劇場で上演された。
また、30年ほど前に、評論家の荒正人の「パチンコのような野蛮なのが流行る名古屋では文化が育たないのも当たり前」と言われたのを気にして1990年に書き上げたパチンコ小説『ちんじゃら風伝』でパチンコの機械作りに一生をささげた正村とパチンコで生きる戦災孤児の姿を描き出した。1988年に名古屋市芸術特賞を受賞した。
【著】『ちんじゃら風伝』　風媒社 1990

【参】「過ぎ去った日々をしのぶ　戦争未亡人のドラマ」『中日新聞』（夕）1987.9.28

小石　正子 （こいし　まさこ）　旧姓小笠原
　1934〜
　オリジナル布草履作家、洋裁・古布研究者

県生まれ。ドレスメーカー女学院卒業後、洋裁や古布研究を続ける傍ら、40歳前半で神奈川県相模原市の自宅近くに洋裁教室を開設。和服のリメークを手がけたが、60歳を過ぎて白内障になった。「目が悪くても作れるものは」と思案していたとき、近所の寝具店裏で大量の布団皮のボロ切れを見てひらめいた。引き取ってひも状に裁断、幼い頃に祖父に習ったわら草履編みの記憶をたどって編んでみた。1年半かけて自分の編み方を確立し、地元百貨店に卸すと完売した。2001（平成13）年「オリジナルあみあみ草履」を発表。2006年発行の手引書は25万部を超えた。
東北、関東、東海地方
の30数ヶ所、年間3000人に「小石式作り方」を教える。助手（長男の妻）とともに各地で指導した。
【著】『手で編む可愛い布草履』河出書房新社 2006
【参】「ひと・布草履作りのカリスマ　小石正子さん」『朝日新聞』 2008.2.10

小島 悠紀子（こじま ゆきこ）　旧姓蒲野（がまの）

1928～

愛商連婦人部活動家

東加茂郡足助町（あすけ）（現豊田市）生まれ。父が額田郡豊富村（現岡崎市）の鳥川小学校校長に赴任したので、小学校1年の二学期に鳥川に家族で移る。

全校生徒49人の学校で複式授業を受け、校舎の左端の部屋で家族6人暮らしをする。電気はなくランプ生活、大人も子どももよく働く、鳥川での小学校6年間の生活が身体の隅々まで染みついているという。平和な田舎も満州事変、盧溝橋事件、日支事変などが起こり一変。女学校の高等科時代には軍需工場で特攻機づくりも経験した。

17歳で終戦、兄の薦めで逓信局（現郵政省）に勤める。1949（昭和24）年1月、兄の友人で逓信局勤務の小島泰夫と結婚。エリート社員と結婚したのだから当たり前のこととして退職。労組の役員で共産党員だった泰夫はその年の9月、GHQの命令（第一次レッドパージ）で職場を追われる。妊娠8か月だった悠紀子は共産党だからレッドパージで退職というのは何故だろうと疑問を持ち、政治にめざめるきっかけとなる。

泰夫は友人と印刷業を始めたが、5年後独立し星光印刷（現東海共同印刷）を興す。悠紀子も二人の子どもと一緒に死にもの狂いでがんばり、8年後にはやっと軌道に乗り、民主的諸団体との繋がりも増え、1960年民主商工会に入会。悠紀子は田中初代に誘われ婦人部に入り、愛知民商婦人協議会の役員や母親連絡会の係となる。1962年に第8回愛知母親大会に参加して以後、日本母親大会に連続参加し、民商婦人部が母親大会に積極的に会員を送り出す原動力となる。1971年に泰夫は市千種区から県議会に共産党公認候補として立候補してトップ当選を果たし、会社と議会と地域活動と子育てとで大奮闘の日々。今も「小島のおばちゃん」と慕われ、それもこれも民商の組織、民商があればこそ、民商が原点と言い切っている。

【参】脇田順子「再び悲しみを繰り返さないために」愛知女性史研究会編・刊『母親運動を育てた人びと－愛知女性のあゆみ第二集』　1989

越山 あつ子（こしやま あつこ）

1930～

草創期の女性司会者

東京都生まれ。歌うことが何より好きだった少女時代、デビューのきっかけはNHKののど自慢。宮田輝司会者との絶妙なやり取りが気にいられ、スカウトされた。1951（昭和26）年11月に始まった三つの歌の特別番組「紅白三つの歌合戦」で紅組の司会を任され、1951年同番組の歌唱指導者となる。現役司会者の英才教育を受け、1955年には民間放送の草創期にCBC毎日放送の共同制作の「おばあちゃんと一緒」の司会をし、日本司会者協会初の女性司会者に登録される。

1958年結婚し名古屋に移住。ラジオのレギュラー番組を持つ他、財界の会合の司

会も受け持ち、人脈を広げ、ＢＧＭ専門会社「名音」を設立。1970年には東名ミュージックを設立。同年、名古屋初の本格的芸能学校を東京の渡辺プロと共同で東京音楽学院名古屋校（現名芸アーク学院）を設立し、あいざき進也、スクールメイツなど多くのタレント歌手を輩出し、1986年には名芸アーク学院としてタレント養成のほかジャズダンススタジオ等の企画・演出など手がける。会社起業家としても活躍。人の輪を大切にし、県民大学構想委員や県女性問題懇話会委員等を引き受けた。2005年開催の国際博覧会の誘致では、「二十一世紀の生き方を考える会」に参加し、総会に合わせてパリやモナコへ３回も手弁当で出かけるなどで意欲的な応援活動を展開。

【参】「才媛たちの光」『中部財界』1999年３月号

西條 紀子 （さいじょう のりこ）
旧姓 久保田
1932〜2018
絵をかく主婦

東京生まれ。父は外交官で、ベルギーへの赴任のため、紀子は母方の祖父母に６歳まで育てられる。身体が弱く、小学校も休みがちで、「私は非国民だ、早く丈夫になってお国のためにつくさねば」と思い、従軍看護婦になろうと思っていた。1944（昭和19）年父親はベトナムへ赴任。母と弟とともに軽井沢へ疎開したが、枢密顧問官をしていた祖父は疎開を拒み、1945年５月の空襲で祖父母ともに行方不明となり、遺体も見つからなかった。あの戦争は何だったのか、なぜ祖父母は死なねばならなかったのかと悩んでいた疎開先で、画家の山本蘭村と出会い弟子となる。蘭村はリベラルな人で、夏休みになると東京から何人か大学生が集まり、サロンの様相を呈していたが、その中に後に夫となる西條八束がいた。師から「絵は教えるものでも教わるものでもありません」と言われ、自分の絵を描く。東京に戻って1951（昭和26）年、文化学院美術科を卒業し陸水学研究者の八束と結婚。当時東京都立大学の助手をしていた八束が、1959年に名古屋大学に赴任したため名古屋へ来る。

当初は名古屋の土地柄になじめずにいたが、３年を経た頃、「いずみの会」を知り、考え方を共有できる友もでき、名古屋に自分の場所を得る。いずみの会との関係から家永教科書裁判の支援や平和運動に関わり、2005年結成の愛知九条の会では代表世話人を務めた。結婚、出産、育児でしばらく休んでいた絵を再び描き始め、蘭村の主宰する展覧会「草門会」「玄展」に出品。**山本信枝**著『道−ある反骨の女の一生』（ドメス出版 1988 ）の表紙絵は紀子の作である。

八束と世界各地へスケッチ旅行に出かけ、1988年には名古屋で、翌年には東京で二人展を開催。以後３年ごとに開き、八束の没する2007年まで続けた。2009年12月、生まれ育った表参道に転居。

【著】『私の歩いた道』 私家版 2014

斎藤　孝（さいとう　たかし）

　1930～

　名古屋市市民局長

市東区出身。旧制昭和中学（現県立昭和高校）在学中に、防空壕づくり、空襲を体験する。1950（昭和25）年、名古屋市職員になり、主に広報、芸術文化、文化財保護の仕事に携わる。1973年名古屋フィルハーモニー交響楽団のアマチュアからプロへの変更を担当、1977年市が婦人問題担当室を開設したのち、市民局参事として初代室長**中山惠子、山本ふき子**係長らとともに仕事をすることになり、婦人問題への理解を深めた。1992年『朝日ジャーナル』の第7回ノンフィクション大賞に「男子厨房に入る」が入選、女性問題の講座に講師として男性の家事参加等について語っている。この他、名古屋をテーマとする文章作品や短詩形文学、同人誌の発行などの自費出版助成をはじめ、伝統落語の講義と実演の連続講座、女性を取り上げての文学講座などを企画し実施。また文化事業をPRする大型のチラシ（月間の壁新聞）を発行して、名古屋の文化向上に努めた。名古屋市広報課長、市民局参事、市民局長を務めて退職。多様な随想・俳句を多彩な紙誌に掲載していた。1989年から名古屋市市政資料館館長。1990年中山が始めた草の根活動拠点のサロン「市民ネットワークセンター・なごや」の情報誌『情報・ぽけっと』の編集企画に参加、コラム「なごやスケッチ通信」に名古屋の名所旧跡を紹介した。2004年以降平和活動に参加、「ピースあいち」で語り部・運営委員などのボランティアを務め、2009年7月戦争体験を語り伝える東海地方初の組織「ピースあいち・語り手の会」発足時に初代代表となった。

【著】『振り向けば、名古屋』中央出版 1996 ／『役所の言語学』私家版 1982
【参】中山惠子『お言葉を返すようですが…。』中央出版 1992

斎藤　延枝（さいとう　のぶえ）

　1930年～

　名古屋「いのちの電話」訓練担当主事

新潟県生まれ。南山大学卒。中学時代の恩師がカトリック信者でその影響を受け、自らも信者になる。

大学卒業後、小学校の教師になる。教師在勤中より、父兄からの教育相談を続けていた。1971（昭和46）年「東京いのちの電話」創設。各地にも徐々にできつつあり、1983年名古屋にも「いのちの電話」を作ろうと設立準備会がボランティアと協賛会員（主に教会関係者）により創設。そんな折、呼びかけ人の代理として、準備会に参加した。会の目的に賛同し、キリスト者としてよきサマリア人になろうと入会を決意した。その決意を「名古屋いのちの電話」準備号に掲載。1984年6月第1期電話相談員の養成に取りかかる。要望され、訓練担当主事に就任した。講義・演習・実習と自殺予防に対する考え方や、対人援助の仕方、聴く態度の養成など多岐にわたる研修体制を作り上げた。1期のみ関わり、その後、市立井戸田小

学校（瑞穂区）に定年まで勤めた。

【参】『名古屋いのちの電話』準備号 1984.6 ／ 同No.6 1986.8

酒井 澄子　（さかい すみこ）

1932〜

日本初の女性銀行支店長

大阪出身。小学4年生時気管支を痛め1年休学、父は市役所から住友金属に転職、県宝飯郡小坂井町に転居。国府高女、国府高校卒。卒業の直前父が病死、就職を余儀なくされて、豊橋のデパートに勤務。1952（昭和27）年夏病気退社。同年秋、名古屋相互銀行（現名古屋銀行）蒲郡支店に入行。当時は銀行員に必要なソロバンや簿記もできず、苦悩した。デパートに勤務時、「通用門に入る前に近所の方に挨拶しなさい」と言われ、入行以来、近所に挨拶は欠かさなかったので、次第に、近所の預金者が増えた。「地域の方を大切にすること」をモットーとした。

1983年豊田保見支店長となる。当時、一般的に女性社員は転勤や配置換えが少なかったが、酒井は事務職から始まり、外勤、株式課、出納元締め、人事部研修企画まで勤め、転勤も多かった。「女性社員を活性化するには係替えを頻繁にする必要あり。ずっと同じ仕事ばかりをしていると、全体と自分という認識がなくなる」と酒井は言う。

保見支店は近くに団地がある好立地にも拘らず、赴任当時は訪れる客もまばらだった。そこで酒井は「お客様情報板」というコーナーを設け、地域の情報交換の場を提供した。そういった取り組みで預金者数も増えていった。「まず、地域に溶け込んで、役に立つこと。それから始めた」と言う。1986年名東区梅森支店長になる。

1990年、銀行を退職。「レディス＆メロウ能力開発研究所」を設立した。将来女性管理者になりたい人のために、女性と高齢者が活躍する時代をと考えた。企業の社員教育や自治体などの職員研修など非活性の職場を活性化するのが生きがい、と言う。

酒井が講師を務めた「女性管理職セミナー」の受講生による女性管理職異業種交流の会「舟の会」は1991年に発足し活発な交流を続けている。

【参】佐野桂次『21世紀を彩る名古屋人物風土記V』 中日出版社 2004

榊原 あさ子（さかきばら あさこ）旧姓山田

1926〜

絞り染め作家、「藍の会」主宰

豊明市生まれ。祖母トラの影響で小学校時代から絞りと染色を習い始める。1951（昭和26）年、山田染色塾卒。主婦業に専念した後、1970年頃から絞作家として本格的に活動。1975〜79年、日展作家鵜飼秀夫にローケツ染めを、伝統工芸作家中川慎二に友禅染を、染色を各務清に学ぶ。

28

1983年「アトリエ榊原」開設。1980年現代工芸展入選、同年中部染色展入選、朝日新聞社賞、名古屋市長賞受賞。1991年市技能功労賞受賞。1996年通産省伝統工芸士総合職に認定される。

有松、鳴海に伝わるくくり絞りのうちの「みどり絞り」（春先の芽吹きの柳の緑、田植えが終わったばかりの水田に光るように整然と並んだ緑を表現）や「白影絞り」（棒巻き絞り、折縫いで縫った線だけを染める。主に亀甲、麻の葉、七宝を作るために使われる技法）を復元する。「藍の会」主宰、中日文化センター講師。

【著】『日本伝統絞りの技』紫紅社 1999

坂田 佳代 （さかた かよ）

1931年〜

中部新報社（碧南市）社長

碧南市生まれ。漢学を好む祖母の影響で読書好きだった。高校時代には演劇部の創設に参加、コンクール出場に精力を傾けた。卒業の頃になり、「女は結婚して、家庭に入れ」の風潮の時代に真剣に将来のことを考え、「名古屋の洋裁学校へ行く」と言って出かけた。が、演劇研究生募集の看板をみて、3年間基礎勉強をして、名古屋演劇集団に入団。4年程舞台俳優として活動したが、父の死去で「手に職を」と演劇の道を断ち、碧南市で創刊の準備をしていた「中部新報社」に1959（昭和34）年入社した。創立者で主幹の中村清一郎（元中部日本新聞社の部長）に仕込まれた。入社して、男社会の抵抗に耐え走り回り、書きに書いた。創刊12年目

主幹が癌で倒れ、社長になるように頼まれた。中村の後を継ぎ、「社内独語」というコラム欄も続け、創刊30年記念には『社内独語－女ひとり地方新聞づくり三十年』にまとめた。創刊5周年には、地位もなく、誠実に地域の模範として社会に貢献した人に贈る「緑光賞」を創設したり、文化活動にも力を入れたり、地域の交流の場を提供するなど地域紙の特色を生かした新聞づくりに取り組む。

1993年からは一人で編集長・記者を勤め2004年まで発行を続けた。2009年に発刊時の1年分を除いて全紙を市史資料として市に寄付した。

【著】『社内独語－おんなひとり地方新聞づくり三十年』砂子書房 1990

【参】「もっと聞かせて 生まれ変わっても記者の道に」『朝日新聞』1994.5.28

佐々 智恵子 （さっさ ちえこ）

1924〜2014

佐々智恵子バレエ団主宰

市生まれ。小児ぜんそく気味がきっかけで、6歳より南条きみ子舞踊研究所に入門。西洋・日本・琉球舞踊などを学ぶ。ピアノの手ほどきも受ける。12歳で名取になり南条佐恵子を名乗る。

踊りを主にやるなら、私立の方がいいと父に進められ、金城女子専門学校（現金城学院大学）付属の女学校に入学、専門課程を卒業し、兵士の慰問活動に参加。1946（昭和21）年南条佐恵子舞踊研究所を市瑞穂区に開設。指導者・踊り手とし

ての活動を始める。翌年、東京の小牧正英バレエ団の演技の素晴らしさに感動し、小牧バレエ学校に入団し、指導者と学生の生活を続け1949年３月卒業した。同年名取名を廃し、佐々智恵子バレエ研究所と改称し、本格的に活動開始。1951年第１回バレエ公演を松坂屋ホールで催して以来ほぼ毎年公演を開催した。本格的なバレエ、全曲バレエ化などの目標を持った公演を狙い、自身もプリマとして活動した。1954年には母校の図書館建設のため、バレエ公演を行った。

1955年以降は、自ら舞台に立つことは少なくなり、後進の指導とバレエ団の発展に力を尽くした。教え子の川島良子（改姓佐々）を養子に迎え、二人でミュージカルやオペレッタを原作とした作品を創作してミュージカルバレエの新境地を開いていった。1975年からの数回に及ぶ訪ソを契機に留学制度を設け、両国の交流と人材の育成に尽力した。また、1989年から続けた創作公演『バレエセッション』は門戸を広げ、現在の洋舞シーンを支える舞踊家を輩出させた。**川口節子、神戸珠里**（現佐々バレエ団主宰）、**小川典子**、三代真史、**神原ゆかり**らである。2004年演出・振付家として手腕を発揮していた**佐々良子**（養女）の死去により団の勢いを失った。その後は数年ごとにしか大舞台ができず、引退状態になった。

【参】伊与田静弘著『焼け跡のカーテンコール　戦後名古屋の洋舞家たち』世界劇場会議名古屋 2007 ／ 「佐々智恵子さんを悼む」『中日新聞』 2014.3.21（夕）

佐藤　明夫（さとう あきお）

1930〜

近現代史研究者（戦災史、社会運動史）

半田空襲と戦争を記録する会

岐阜県大垣市生まれ。東京教育大学（現筑波大学）文学部日本史学科卒。半田市在住。５人きょうだいの次男。父は岐阜県内の中等学校長を歴任後、岐阜市に居住。1945（昭和20）年１月54歳で病没。明夫は岐阜中学校２年の1945年５月、母の実家を頼り福島県郡山市に疎開、安積（あさか）中学校に転校、農村動員を経験、終戦まで軍国少年。戦後、民主教育の洗礼を受け高校卒業、東京教育大学では家永三郎の指導を受け卒業、1954年から県内５つの県立高校で社会科教員として1992年まで勤務した。

就職と同時に愛知県高等学校教職員組合に加入、名南支部長などとして活動。

1967年の「愛知県歴史教育者協議会」結成に参加、地域資料の発掘と教材化に取り組む。一方1969年、家永三郎の教科書検定違憲訴訟に共鳴し、「教科書検定訴訟を支援する愛知県連絡会」の発足に尽力、2001年の裁判終結まで事務局を担当した。地域資料の発掘を続け、地域社会運動史をテーマとする。大正期のアジア製靴争議を調査、年少女子労働者の活躍を発表。1997年『知多不屈の歴史』、2010年、同増補改訂版を出版、夫の反ファシズム運動を支えた**小栗きよ**の生涯などを明らかにした。1981年に「半田空襲と戦争を記録する会」を発足、女子勤労挺身隊の労働

実態や空襲被害などにも重点。1990年代には戦没兵士の妻30数人から聞き取りをし、これらの記録は半田市刊行の『半田の戦争記録』(1995) など4点に編集収録。記録する会単独で中高生対象の『知多の戦争物語40話』(2002) など3点を出版、現在も代表を継続。

1992年「あいち・平和のための戦争展」立ちあげの中心となり、1996年まで実行委員長を担当。学徒勤労動員史の研究成果として2004年『哀惜1000人の青春－勤労学徒・死者の記録』(風媒社) を出版。

【著】『戦争動員と抵抗－戦時下・愛知の民衆』同時代社 2000

【参】佐藤明夫「あいち・反戦物語」青木みか・森英樹編『平和をつむぐ』風媒社 2011

佐藤 貴美子 （さとう きみこ）

1933～2014

労働者作家

大阪生まれ。祖父は100人くらいの従業員を使う工場経営をして、父親もそこで働いた。10歳のとき4人の娘を残して母親が出奔。すぐ継母に恵まれ後ずっと面倒をみてもらうことになる。空襲で工場も会社も家もすべてを失い、名古屋へ来る。敗戦とともに生活は一変する。私立の椙山中学（現椙山女学園中学部）へ進みのびのびと勉学に励むが、家に帰ると毎夜12時まで母親の内職の手伝いを強制された。父親が定職につけず、失業状態が長く、生計は母親の内職にかかっていた。卒業時名古屋中公共職業安定所に就職し

た。家と職場と鶴舞図書館が近いので寸暇をおしんで読書したが、まだ12時までの内職は続いた。

ポケットに文庫本をいつもいっぱい入れて時間があれば5分でも本を読んでいた。ある時カルメンのように自立した人間になることを誓う。翌年名古屋市外電話局（現NTT西日本）へ転職。新しい職場で積極的にサークル活動に参加し、やる人がないからと組合の専従役員を3年続けオルグ活動もした。職場に戻ってからはサークル誌に投稿するようになり、いつも鉛筆とメモ用紙を手放さず記録していた。メモを活用して自分の経験やそれにつながる状況、人々の動向などをよく観察し、文章にしていった。労働組合のサークル誌や、民主主義文学会誌に発表し仲間たちに支えられ鍛えられる。

ずっと応援してくれていた職場の仲間と結婚し26歳で出産する。産休明け保育がまだ世の中にないとき、仕事を続けるために自宅の市営住宅の1室を空けて、乳児4人と保母2人で産休明け保育を始める。1983年日刊『赤旗』紙に『母さんの樹』が連載され始めた10日目に突然配置転換される。交換手や労働災害頸肩腕症候群との闘いの様子が全国に広がる。

1984年多喜二・百合子賞を受賞。その間最愛の息子の登校拒否にあい、60歳で大動脈解離に罹る。最期まで紙と鉛筆・テープレコーダーを離さず代筆もしてもらい、生涯を終えた。

【著】『つっぱり母さんの記』 汐文社 1985 ／ 『われら青春の時』新日本出版 1997、その他著書多数

皿井 壽子 (さらい かずこ)

1934～

社会福祉法人愛光園創設者

市生まれ。県立瑞陵高校を卒業後、1955（昭和30）年、東京の自由学園の生活学校卒業と同時に東京の養護施設に勤める。

2年後名古屋に戻り、乳児院保母、精薄児入所施設保母を経て、子どもたちの楽しい遊び場を作りたいとアパートの一室を借りて、当時皆無であった重度障がい児の託児所を始める。障がいも年齢もバラバラの子どもたちの訓練施設があればと苦悩の後、障がい児の親やボランティアの協力を得て、1965年、大府市共和町の高台に300坪の土地に17坪の建物というささやかな通園施設愛光園を開設。未認可のまま7年間、多くの支援者を得て続ける。1972年肢体不自由児通園施設として愛知県知事より認可、社会福祉法人愛光園として1973年認可される。1974年、施設ではなく共に生きることのできる場所を作りたいと、「…どんな重い障がいがあってもその人にふさわしい生き方ができるように、支援し、地域へその輪を広げる活動をしていきます」という「ひかりのさとの会」設立の趣意書を作って多くの人に呼びかけ、賛同を得て1978年、身体障がい者療養施設「ひかりのさとのぞみの家」、さらに1985年、更生施設「まどか」を設立するなど、障がい者と共に生きるのを基本趣意として活動を続ける。誰もが安心して暮らすために、地域の輪の中で「共に生きる」実践と運動を推進している。

現在の愛光園は知多郡東浦町に本部を置き、高齢福祉事業3、障がい福祉事業11の事業所を持ち、500人余の従業員を抱える。

【著】『光をみつめて　愛光園の20年』風媒社 1986

【参】愛知県弁護士会編『人権賞物語パートⅡ』愛知県弁護士会 2019

澤口 登茂子 (さわぐち ともこ) 旧姓山田

1934～

ＣＢＣＴＶディレクター兼プロデューサー

市生まれ。中部日本ビルディング初代代表取締役の父山田鑰之助・母康子（随筆集『萩の一日』の著者）の長女として生まれる。名古屋大学文学部哲学科美学美術史演劇専攻卒。1957（昭和32）年前年テレビ放送を開始した中部日本放送（ＣＢＣ）に入社。テレビ制作部演出課配属。入社してすぐ「3分クッキング」の基になった15分番組の「今晩の家庭料理」を担当。始まったばかりのテレビ放送、しかも男世界でディレクター・プロデューサーとしてスタッフへの指示を受け入れてもらうのにずいぶん苦労をした。

その後、20分番組の「料理手帖」になり、1962年からの長寿番組となる「3分クッキング」で、短時間で料理ができる主婦のニーズを取り込んだ番組を担当した。1966年には、視聴者参加型の音楽番組「どんぐり音楽会」がスタート、これは1973年まで担当した。

1967年、科学番組「さく

らんぼ教室」を引き継ぎ、新しい子ども番組「天才クイズ」が始まった。男女30人ずつの子どもたちが〇×の帽子をかぶり、天才博士の質問に答える形でカラー番組の目新しさとあいまって長寿番組となり2004年まで続く。澤口は1989年から1993年まで担当した。

時は第二次ベビーブームの出産の時代を狙い1976年10月「赤ちゃんバンザイ！」を放映。これは妊婦の悩みや出産への知識・育児の方法・核家族と出産など育児と母親への応援の番組で、地域の産婦人科医・小児科の医師に出演を依頼して、妊婦の悩みの解決や育児の知識を深める手伝いをした。1989年３月番組終了まで担当した。これは、他のテレビ局にも影響を与えた。歌謡ショーや「名古屋をどり」などの中継やＣＢＣ劇場「灰色の園」などドラマも演出した。定年まで働き続けた。

【参】『中部日本放送50年のあゆみ』中部日本放送株式会社 2000 ／ 『中日新聞』1978.4〜1979.10 テレビ欄

沢田 啓子（さわだ けいこ）旧姓鷲田
　　1932〜2019
　　高校教師、社会活動家

中国天津市生まれ。1947（昭和22）年に引き揚げ、岡山県の小さな村に祖父の家族と共に暮らす。祖父は地方の名望家で村長も経験していた。広島県の福山高女を卒業後東京の専門学校へ１年行く。のち広島大学に入学、物理学を専攻する。そこで被爆者（原爆投下から1400m地点で被爆）でのち物理学者となった沢田昭二と知り合う。

1954年アメリカのビキニ水爆実験が行われ水爆の爆発力は広島の原爆の1000倍にもなると全学で反対運動が始まる。広島市や広島県からも助成金をもらってパネルを作り大々的に核兵器の恐ろしさを宣伝した。昭二は物理学を勉強したくて大学院へ進み、啓子は私立鈴峰高校に教師として勤める。教育と組合運動の２本立てで、教育活動にも熱心で、教え子が「沢田会」というのを作って、毎年正月２日に沢田会を開いていた。昭二と結婚後２児の母親となっていた啓子は、学童保育の設立にも力をいれ、牡蠣業者の女性組織と連帯し学童保育連絡協議会を結成して、全国でもめずらしい広島市が運営する学童保育所を作った。

1966年昭二が名古屋大学に就職し、啓子は２年遅れて愛知県の公立高校の試験を突破して数学・物理の教師として名古屋に来る。物理を教えるというのは生き方を教えるということをモットーにして「自分の生きがいを見つけていくのが大切」と生徒たちに言っていた。高校では部活動で朗読の会や放送部の指導に力を入れていた。労働運動でも愛知県高等学校教職員組合の女性部長を1980年から４年間勤め、女性運動でも青山三枝や山本信枝らと共同して母親大会の成功のため継続してとりく

んだ。退職後も地域で母親運動や年金者組合の活動に力を注ぎ、独自に朗読の会を開いて最後まで組織を作って活動するのを怠らず務めた。

聞き書き　沢田昭二　2019.7
【参】『愛高教５０年史』愛知県高等学校教職員組合編・刊 1999

塩田 律子　（しおだ りつこ）

　生年不詳

　いずみの会初代代表

1955（昭和30）年10月2日、市中区栄小学校に、『朝日新聞』「ひととき」欄を通じ女性の向上をめざそうとする約60人の女性が集まった。世話人塩田律子が初代代表となり、「書くこと、読むことによって結ばれてゆくわたくしたちの集いは、そのひとりひとりが、『いずみ』のようにいつも清らかで、つきることをしらない愛情と努力とえい智をかたむけて、一つの大きな流れの源となりたい。」という「いずみのことば」を書いた（「いずみ」創刊号）。

いずみの会は、年6回会誌を出し、会運営は自主的、持ち回りを原則とし、1958年以降、新聞を読む会、ＰＴＡ研究会、老人問題研究会、幼児問題研究会等を設けた。1965年『主婦の戦争体験記』（風媒社）を出版、1972年には会誌100号、1988年には会誌200号を出した。

1979年『伊勢湾台風』、1985年『81本のえんぴつ－女たちの綴る片隅の昭和史』、1987年『春の花を捧げて－平和を希う婦人の中国旅行記』、1988年『戦場の島－教科書裁判沖縄法廷支援の旅』、1995年『野を駆けて－わたしらしく　あなたらしく　四十年』、2005年『いずみ　５０』の冊子を会として出版、その他年表もまとめて

いる。女性がかかわる社会から目をはなさず、小さなつぶやきを大きな声にし、行動に結ぼうとした「いずみの会」は、2013年4月30日、会員高齢化の中で、58年間の発言と活動、会誌332号の歴史を閉じた。

【参】戦後名古屋の婦人教育史研究会編『戦後名古屋の婦人教育―回顧と展望』1994

宍戸 健夫　（ししど たけお）

　1930～

　愛知県立大学名誉教授、幼児教育学、

　全国保育団体連絡会保育研究所理事長

横浜市生まれ。1959（昭和34）年東京大学大学院人文科学研究科教育学専攻博士課程修了、博士（教育学）。

大学で学生セツルメントのボランティア活動に参加し、大陸引揚者の救援活動として行われていた保育園の責任者になったことから「保育園とは何か」の研究テーマを持つ。「日本の保育問題」を生涯のテーマと決め、「保育園の歴史」の卒業論文を書く。その後保育問題研究会、1956年発足した日本保育学会等で第一線の研究者や実践者との共同研究を進めた。

1959年、愛知県立女子大学・同短期大学（現愛知県立大学）講師に就職し、助教授を経て1973年愛知県立大学教授、1996年定年退職し、名誉教授。仏教大学（京都）教授、同朋大学（愛知）教授、大阪健康福祉短大教授を勤めた。その間「日本の幼児保育－昭和保育思想史」の博士論文で、東京大学博士（教育学）号取得。宍戸が愛知に来た時期は、伊勢湾台風後

のヤジエ保育園、共同保育所づくり運動
で愛知の保育が転機を迎えた時期であっ
た。民間の共同保育運動、保育研究会、
保育所づくり運動の中で、宍戸は保育者
・研究者と共に学び、共に活動する。
宍戸は、共同保育運動が乳児保育の保育
実践を開拓し、厚生省に小規模保育所の
認可を認めさせ、革新市政を誕生させ、
保育料の受益者負担主義に抵抗する原点
になっているという。その中で、すべて
の幼い子が平等に保育される権利、親の
働く権利を同時に保証する視点から保育
園をとらえている。そこから親たちが共
同し、保育者と親が共同し、保育者と子
どもたちの共同する保育実践が育ち、地
域での新しい共同に進む必要があると見
通している。
【著】『日本における保育園の誕生－子ど
もたちの貧困に挑んだ人びと』新読書社
2014
【参】宍戸健夫＋愛知県保育問題研究会
史編集委員会編『あしたの子ども 愛知の
保育問題研究会の歩み』 新読書社 2002

島崎 左世（しまざき さよ）
　　1935～2017
　　知的障がい児母子通園施設「さわらび
　　園」園長
早稲田大学政経学部卒。卒業後結婚。し
ばらく岐阜で農業経営に従事し、1962（昭
和37）年岐阜県内の養護施設に夫婦で住
み込みで働く（その後の通所施設の運営
に貴重な経験となる）。夫は児童指導員の
資格をとり6年間（2か所）勤務後、1963

年名古屋で「東別院青
少年会館」に勤務し青
年教育に携わった。そ
の間左世はカウンセラ
ーの資格を取り、企業
内カウンセラーや各種

学校の教師を歴任。1975年市千種区の「さ
わらび園」のカウンセラー兼副園長に就
く。さわらび園は1972年伊藤方文（みちふみ）が開所
した知的障がい児母子通園施設で、初代
園長は伊藤。
1975年3代目に夫の島崎春樹が就き、佐
世は副園長に就く。育成方針は入所児の
体力づくりと生活力を高めるために通園
は公共機関を使い自力で母子ともに来さ
せた。園の前が坂道で難儀していたよう
だ。また、母親の不安の解消・療育の方
針の理解・促進のための両親のカウンセ
リングを重視し、実行。夫とともに、「こ
の子らを世の光に」（糸賀一雄）の精神を
生かす療育活動を目指し、さわらび園運
動会を開始し、その後につくる施設と共
に大きなイベントとする。翌年には、親
子療育キャンプを始める。　1977年には心
身障がい児童の母親研修会を開催、さわ
らび祭りを実施するなど、児童の発達・
成長とリハビリを兼ねた活動を展開する。
1982年には、夫が知的障がい者通所授産
施設「わらび福祉園」を三好町（現みよ
し市）に開設。同年さわらび園の園長に
なる。2007年まで同園の園長を務めた。
アセアン諸国の福祉関係者の会議にも出
席するなど、海外にも目を向けた活動を
した。
【著】『坂道を登る子ら』さわらび園
1982

【参】社会福祉法人あさみどりの会編・刊『42年にわたる母子通園のあしあと』2014

島田 鮎子 （しまだ あゆこ） 旧姓田中
　1934〜
　画家

東京生まれ。父田中寛（日本製粉常務取締役）、母栄子の次女。香蘭女学校卒。

1954（昭和29）年　東京芸術大学油絵科入学。伊藤廉（本名きよし　1898〜1983）教室に在籍。1962年2度目の同大専攻科卒業。同年第36回国画会展に初入選。1966年国画会会員となる。以降毎年出品する。同級生の島田章三（1933〜2016）と結婚。同年愛知県立芸術大学が新設され、伊藤廉が美術学部長となる。夫章三は非常勤講師として赴任、鮎子は夫と共に名古屋市の官舎に転居、自宅をアトリエとした。夫は大学内のアトリエで制作した。しかし、自宅を訪れた夫の客の多くは鮎子の絵を見て、「奥様は良いご趣味をお持ちで」と言ったという。1968〜69年夫が愛知県在外研修員となり、1年間のヨーロッパ留学をし、鮎子は同行。フランス語が堪能な鮎子は通訳の役目も果たした。鮎子は国画会展、中部国展のほか愛知県で作品の出品や個展を開いた。1973年第16回安井賞展に入選。1973、74年新栄会油絵展（名古屋丸栄）。1984年「卓上にて」を愛知県立美術館常設展。1989年「卓上にて」が稲沢市荻須記念美術館にて展示。1992年愛知芸術文化センター開館記念の東海の作家たち展に出品。1994年愛知芸術文化選奨文化賞受賞。2005年「愛・地球博」万博百景展に出品。
【著】『ひといろかたちたおやかに島田鮎子画文集』求龍堂 2006
【参】『島田鮎子画集』MADO 美術館・生活の友社 1993

島田 麗子 （しまだ れいこ）
　1931〜2016
　日本YWCA会長

長野生まれ。金城学院大学英文科卒。両親がキリスト教聖公会の信徒のため生まれたときに受洗。満州事変の時に生まれ日中戦争のとき小学校に入学。戦争と軍国教育で育ったこの時期が人生の年輪の中心だという。神棚のないクリスチャンの家庭は肩身が狭く、非国民としていじめにあった。戦争末期には名古屋の軍需工場で働かされ名古屋大空襲にも遭遇。二度と戦争をしてはならないという思いは身にしみていた。大学1年生のとき朝鮮戦争が勃発し激しい衝撃を受ける。
1954（昭和29）年、YWCA（キリスト教女子青年会）に就職。1976年名古屋YWCAの総幹事、1987年日本YWCA総幹事、定年退職後の1994年、日本YWCA会長に就任。戦争の反省に立って世界平和と人権・人間の尊厳を守る活動を始めたが、戦後20年ぐらいはただ被害者だと思い、加害者意識が芽生

えたのは70年代ぐらいだという。核廃絶
への思いは強く、核兵器は否定しながら
も原子力発電への平和利用はむしろ期待
された時期も、ＹＷＣＡは核そのものを
全面否定した。1978年には国連に核兵器
完全禁止を要請する署名運動を行い、約
60万人の女性の署名を集めたのをはじめ、
1982年国連軍縮特別委員会に向けて国民
署名愛知センターを設立。1986年国際平
和年には丸木位里・俊夫妻の「原爆の図」
展を県文化会館で開く。1995年ＹＷＣＡ
世界総会で「武器輸出禁止決議」と「核
兵器の違法性を国際司法裁判所へ訴える
こと」を日本ＹＷＣＡの会長として島田
が提唱し決議した。1997年、橋本龍太郎
首相へ有事法制反対の要望書を提出。
2005年発足のあいち九条の会の代表世話
人にもなった。
【参】樋口敬二監修『人物で語る東海の
昭和文化史』風媒社 1996

杉江 たき子 （すぎえ たきこ）

1933〜

新日本婦人の会愛知県本部副会長

京都市生まれ。同志社大学卒業後、中学
校教師を１年勤め、結婚後夫が三重県に
就職、転居する。ここで出産・育児に専

念。1964（昭和39）年新
日本婦人の会（略称新婦
人）に出会い、３人の子
を連れ保育所づくりの署
名運動、会員の拡大、母
親大会の取り組みなど活動する中で社会
運動に目覚めたから、義父の介護で滋賀
県草津に転居しても同じように運動を続

けた。

1969年、夫の中京大学勤務に伴い市緑区
に転居。新婦人の活動も継続しながら、
子どもの教育に専念したいと、４年間学
童保育の指導員を勤める。1956年に高校
が大学区制になり学校格差が広がった。
また、公立の普通校への門が狭いなど、
公立校の増設の必要が高まった。1973年
「緑区に公立高校を」と増設を進める会
を準備・結成し、署名や陳情を繰り返し
た。自らＰＴＡ役員も引き受け、ＰＴＡ
にも働きかけていった。その結果1976年
に緑区に１校新設が決定した。1971年「革
新市長実現を目指す会」が結成され、婦
人大集会を開くなど、**本山政雄**名大教授
の市長当選に向けて活動を続けた。1973
年本山政雄当選。市民本位の市政を実現
するためには、民主的な市会議員を増や
すことが必要と「革新共同」方式に則り、
選ばれて市会議員に立候補。「すみよい緑
区をつくる会」を1974年10月に作り、地
元や地域の団地、労組、新婦人、知識人、
文化人の協力を得て選挙活動を繰り広げ
た。「会」のニュースを発行、会の動きや
要求・教育相談会の様子などを載せ活動
した。
1975年４月の統一地方選では、僅差で落
選したが、婦人票を伸ばした。選挙後も
地域の要求や現状把握を常に心がけ、新
日本婦人の会愛知県本部・緑支部や名勤
生協・南医療生協の組織づくりの活動に
取り組んだ。いつも家の扉を開け放し、
誰でも受け入れる姿勢を貫いている。
【参】『住みよい緑区を作るために』住み
よい緑区をつくる会 1974

杉野 美代子 （すぎの みよこ）

1924〜2000

大須「やっ五」女将

市中区大須生まれ。椙山女学園専門部卒。熱田区の幼稚園の保母をし、1年後に退職。戦争終盤には中津川で学童疎開の子どもの世話をする。1957（昭和32）年、

市中区大須の割烹料理「うなぎのやっ五」を夫婦で経営、夫が死亡後、1962年より女将になる。「やっこ」は伯父が1920年に創業、父新次郎が跡を継ぐ。1945年3月空襲により全焼したが、再興。経営を引き継いだ昭和30年代から繁華街は名古屋駅と栄に移り、大須は人通りが少なくなり、店の経営は苦しくなった。集客をねらって毎年2月22日に「ふふふの会」を開き、店の2階座敷で演芸会を開いた。食事をしながらゆったりと落語やどどいつを楽しんでもらおうというもの。

大須演芸場を拠点とする「名古屋弁を全国に広める会」会長の伊東かおる（1949〜2007）のトークショーも行った。同会会員でもある美代子は流暢な名古屋弁でもてなす名物女将となった。1982年小冊子『やっとかめ』、1991年同『なごやべん』を出版。夏目漱石の『吾輩は猫である』の名古屋弁での朗読も担当した。名古屋弁が本来持っている柔らかで優雅な語り口の伝承者であった。

『なごやべん』によると杉野の挨拶は「やっとかめだナモ。あんまり来てちょうでゃァせんもんだで　あんじとったぎゃァも。　まあまあ　おまめで何よりでしたナモ。　そのうち　また大須の方へ　おいでゃァすばしたら　いっぺん寄ってちょうでゃァせ。　お待ちもうしとりますわナモ」（やっとかめはお久しぶりの意）

【著】『なごやべん』私家版 1991
【参】『行動する中部の女性群像　淑女録 STAGE 2』中部経済新聞社 2001

鈴木 貞子 （すずき さだこ）

1917〜

幼稚園教師

鹿児島県生まれ。父は師範学校の美術の教師であった。父の転勤で1928（昭和3）年市に移る。県一高女卒業後、自活できる力をつけておくのが必要という父の意見もあり、幼稚園の先生ならやってみたいと東京女高師（現お茶の水女子大学）保育実習科へ入学。保育実習科は、保育室に登校し、講義が終わると実習という体制であった。1年で修了。

1935年市立第三幼稚園（当時市立幼稚園は3園だけ）に勤務。理論と現場との違いに悩みながら勤めた。先輩が退職し、乞われて1939年女子師範学校付属幼稚園に転勤し幼稚園生活を送る。戦争の激化により1943年には休園、園舎は焼失し、男子師範学校の事務室へ通勤。

1946年に同校の校舎の一部を借り、幼稚園再開。1947年結婚と同時に退職したが家族の応援と時代の要請で二人目（長男は2歳で

死去）の出産の後、市立第三幼稚園に復職。当時同園は戦後幼稚園教育の基となる研究・指導を行っており、全国的な研究会をリードしていた。1957年市立栄幼稚園（1950年創立）に主任として転勤。公立幼稚園全体の研究会や行事などを経験。1965年には緑区に新設された鳴子幼稚園の園長となる。住民の要望でできた園で、協力的な保護者が多く、思いを実現できた。

1970年に市立第三幼稚園の園長となり、1974年定年まで勤務。退職後1年ほど短大や高校で講師を勤めた。1976年には春日井の私立幼稚園の園長として建設段階から関わり、経営・運営・指導と新しい経験を積んだ。男性教員を体育指導員としたり、水泳指導教室や育児教室を開催したりした。団地内の園だったので、園児減少対策など経営面にも苦慮しながら70歳まで勤めた。退職後の生活を健康で文化的に暮らすために絹織物のストール作りの技術を身に付け、作品を友人にプレゼントしたり、謡曲や朗読会に参加して仲間づくりをしたり、日野原重明の新老人の会の学習会に参加したり、自彊術の修得・鍛錬に励み日々努力し、日野原亡き後は、氏の著書を読み励みとした。
【著】『子らに導かれて－私の歩いた道』私家版 2012

須田 美和子 （すだ みわこ）
　1925年～
　消費生活改善活動家
市生まれ。天白区上原に住む。消費者問題に関心をもち、自ら研究、調査をする一方1979（昭和54）年4月「ふだん着の会」を結成、会長として活躍。アルミ缶の買い上げ運動や瓶の回収などリサイクル活動に力を注いだ。消費者団体連絡会活動に協力。「廃油で作るプリンプリン石鹸」の研究・開発、生ごみにボカシあえの利用推進など環境改善運動も行う。食品需給研究センターの調査員もする。1981年、貯蓄地区推進者で表彰される。
【参】『私たちの生活　平成10年度県民消費生活白書・愛知県』愛知県消費生活課 1998

諏訪 佳子 （すわ よしこ）　旧姓清木（せいき）
　1930～
　工学研究者

東京の郊外世田谷に生まれる。空襲の直撃弾は免れるが、焼け残った家に大勢の人と一緒に暮らした。女学校卒業後、旧制最後の年で八高が女子学生を募集していると知り受験合格する。八高理科は7倍の競争率で、佳子と挙母高女（現県立豊田東高校）4修の**五味道子**の二人が合格し、五味道子は八高から名古屋大学医学部へ進学した。祖母と叔父が岡崎に在住していたので、そこから名古屋まで通学する。制度の切り替えで翌年また大学受験。ずっと理化学に興味を持ち、名古屋大学理学部地球科学科に合格。40名の合格者のうち女子は5人だった。まず濃尾平野の地下水研究で毎日地下水を採取し

研究室で分析するとか、亜炭中のハロゲン元素の分析などの研究をした。当時就職先は全くなく、大学院に進んだ。在学中、結婚、出産、育児のうえに病気になり、院生生活は5年の予定が10年になった。そこで工学部応用化学科に助手の募集があるからどうかと言われ全く分野の異なる工学部に行くことにした。

1962（昭和37）年、初めから勉強のし直し。最初は無機工業材料の合成、解析の仕事であったが、それが研究者としての生涯を決めた。

1975年、『ケイ酸含有ザクロ石の合成と配位状態に関する研究』で工学博士になるが、重要な特許取得においては、実際に研究したのは佳子でありながら特許出願から名前が外されたのには納得いかず、口惜しい思いをした。

1984年アメリカ・ペンシルバニア州立大学材料研究所（マテリアル・リサーチ・ラボラトリィ）に研究員として俸給をもらいながら留学した。全米トップクラスの研究所で著名な教授陣と世界各国から集まった研究者や院生と楽しく深夜まで研究を続けた。アメリカでは年齢には関係なく、その人間が何ができるか、どんな独創的な研究成果を上げるかがすべてである。50歳を過ぎて1年半、1人での留学研究生活は何物にも替えがたい財産となった。

1986年帰国、名古屋大学を退職し、共立原料株式会社に研究開発担当として入社。翌年東芝セラミックスとの合弁研究所であるSTKセラミックス研究所へ出向、第2研究室長として勤める。アメリカへはたびたび研究交流で出かけ研究者たちと研究友好を深める。定年まで勤め1996年退職。1986年〜2001年日本福祉大学の非常勤講師を兼任。日本女性科学者の会東海支部理事。

【参】『新制名古屋大学第1期女子学生の記録』私家版 2003

曽田 文子（そだ ふみこ）本名中西はるこ
　　1925〜1983
　　作家、コピーライター

豊橋市生まれ。1954（昭和29）年「引っ越し前夜」で第31回芥川賞の候補になる。1962年同人雑誌『作家』の「作家賞」を『灰色の季節』で受賞。昭和30年代に永井勝・服部靖たちが開講した「名古屋文学学校文学講座」の修了生が作る同人誌『弦』の指導者になる。また、1971年からは、同人誌『無名』（印刷所経営で世話役橋ロリツ）を発行し、門下生のように、文学の話をいっぱい聞かせたり、一人ずつ作品を評価し励ましたりして作品を載せ続けるなど、後輩の指導に積極的に取り組んだ。死去するまでに、発行は22号に及ぶ。最後23号は曽田の追悼号となった。『無名』は指導者他界により『弦』に合流した。曽田はコピーライターとしても活動、テレビドラマ『由紀子』等の作品が高い評価を受けた。

同人雑誌『作家』の「作家賞」を1974年「赤い電車が見える」で受けた**花井俊子**（1928〜）や、詩から転向し熊沢光子の生涯を『幻の塔』で描いた**山下智恵子**（1940〜）らと合わせ、当時の女流作家のアネゴ的存在と言われた。当時の女流作

家では、同人雑誌『作家』の同人で、「阿修羅王」で芥川賞候補になった**浅井美英子**（1932〜）、『裸の砂』で直木賞候補になった**桑原恭子**（1934〜、1974年「作家」退会）、小谷剛に師事、同人の『セシリアの笛』など書いた**林礼子**（1933〜）がいる。1948年創刊小谷剛主宰の同人雑誌『作家』が文学活動の地盤となった。

【参】「愛知人物地図　文学に生きる（三）」『中日新聞』　1975.1.19／「追悼同人11人が思いを込めて執筆」『中日新聞』1983.7.28（夕）

高橋 禮子 （たかはし れいこ）

1926〜

生化学研究者

兵庫県生まれ。県一高女卒業後、東京女高師（現お茶の水大学）理科を卒業し、日本最初の女性工学博士になりたいと名古屋大学工学部応用化学科に女性の第1号として入学。卒業研究の折、指導教授が死去したため大学院に残れず、夢破れた。卒業後名古屋市立大学（名市大）薬学部の助手、名古屋大学理学部生化学の研究生、教務員、助手を勤めた。1960（昭和35）年理学博士号を取得。1964年9月より名市大医学部研究員になり、村地助教授のステムプロメライン（酵素）の一次構造研究を手伝っていたが、1977年蛋白質の表面についている糖鎖を切り離す特殊な酵素「アーモンド・グリコペプチダーゼ」を世界に先駆けて発見、1986年に

は「ラッカーゼ糖類の構造」の解析を成し遂げた。1992年名市大看護短大部教授（現名市大看護学部）を辞めるまで、研究に邁進した。妻・母・研究者としてどれも手を抜くことなく実践していくことに心がけた。「研究が大好きだったこと、あまのじゃくで、やるなと言われるとやりたくなる精神です」と語り、退職後も民間の研究施設に移り、研究を続けた。

【著】『生化学に魅せられて』　私家版1992

【参】「お母さん学者ほのぼの業績集」『中日新聞』1992.3.19

高畑 郁子 （たかはた いくこ）

1929〜

日本画家

千葉県四街道市生まれ。1930（昭和5）年豊橋市に転居。生後10か月で父を、16歳で母を失った。1948年豊橋市立高女（現豊橋東高校）卒。高女で水彩画の指導を受けた美術教師・石川新一の紹介で1949年、中村正義を知り、日本画に転向、独学で日本画を描き始める。当時、豊橋は中村を中心に多彩な絵の才能が集結していた。その中で日本画の革新運動を展開した星野眞吾（1923〜1997）と結婚。

1951年、「新制作」展初入選、以後同展を拠点に活動を展開する。1952年、中村、星野と中日美術教室を開設する。また夫と共に子どもを対象とした絵画塾を主宰した。1974年インドで目にした情景に触発され、仏教やヒンドゥー教の神々が散りばめられた独自の密度感がある様式を

確立した。同年、新制作協会日本画部が独立して新たに「創画会」が発足し、同展での三度の創画会賞受賞を経て1980年会員となり、豊橋で制作を続ける。主題はインド、チベット、中南米の遺跡、日本の遍路巡礼など各地を取材し、独自の解釈による仏教的な曼荼羅など叙情的な信仰世界を描く。また、奥三河の花祭りも画題にした。1999年夫星野と高畑の寄付金を基に「トリエンナーレ豊橋」を設立。３年に一度展覧会を開き、新進作家の発掘と顕彰を目的とする。2009年豊橋文化賞受賞。2016年文化庁の地域文化功労者表彰を受ける。
【参】「絵は風景・赫焔界 燃え盛る朱に生命の感覚」『読売新聞』1998.9.20

髙栁 泰世 （たかやなぎ やすよ） 旧姓杉山
1931〜
眼科医、健康診断中の色覚の項目の削除を主張

静岡生まれ。1958（昭和33）年名古屋大学医学部卒業。1973年市名東区で眼科医院を開業し校医を務めるなか、色覚異常児童の指導をどうしたらいいかと養護教諭からの質問を受けた。「石原式検査表」は、鋭敏過ぎて実生活に影響ないほどの色の見分けづらさまで異常とすることや色の見分けに問題ない女性の多くを「異常」とすること、学部や職業の制限をもたらす現状があった。アメリカ留学の折、色覚に異常がみられる医師が多くいたが

とくに問題のないことに気づいた。これは人権問題として、大学などに働きかけ制限を撤廃させた。また、行政にも働きかけ、「色覚異常生徒の為の教科書態様改善に関する調査研究委員会」の委員を務めるなどして、1989年までにすべての入試要項から色覚の項が消えた。

厚生労働省は雇入時の色覚検査を廃止、文部科学省は定期健康診断から色覚検査を削除、国土交通省は舷灯識別テストでスクリーニングとした。以上三法の改正により石原表誤読者の差別が解消された。活動は色覚差別の撤廃、色のバリアフリー化にとどまらず中途視覚障がい者や弱視者の支援にも力を注いだ。1981年には中途失明者の支援機関を設立。弱視者と協力して歩行者信号を弱視者にも見えやすいデザインへの変更を警察庁に提案した。

「治すことは大切だが、治せない患者がより良く生きられる方法を考えるのも大切」や「患者のできない部分だけに目を向けず、できる部分を評価する」などリハビリテーション全般に通ずる考えを伝えている。

1991年日本医師会最高優功賞受賞、以後日本女医会吉岡弥生賞・朝日社会福祉賞・瑞宝雙光章受賞。
【著】『つくられた障害「色盲」』朝日新聞社 1996 改訂 2014
【参】「医人伝中途失明、弱視者を支援」『中日新聞』2014.1.21

竹内 登美子 （たけうち とみこ）

1933〜

保育園保母、書道家

海部郡蟹江町生まれ。小さい頃から、住職で保育園経営者である父から保育事業の大切さや仏の道について教えられた。そのため幼時より、幼児教育の大切さや使命感を抱いた。

戦後の新しい息吹を感じつつ学んだ。県立刈谷高校（普通科）に進学し、戸田提山という書道家に巡り会い、以後書道にのめり込んでいった。高校卒業後、市立保育短大（現市立大）に入学し、同じような環境の友人と知り合う。父経営の園の園長代理として勤める。園の経営や方策を学ぶ。この頃、書の活動に力が入り、「毎日書道展」賞など受賞し、「雨香」の名をもらった。

1960（昭和35）年親の反対を押し切り高校の同級生と結婚。1963年父や姉の経営する園に移動する。ここは、定員270人の大規模園で保母の仕事に専念した。週に1回必ず全職員のミーティングを行い、問題点や保育方法を話し合うなど、納得・協力体制が取られていた。自分の得意な習字のカリキュラムを年長組に入れた。

1967年、縦割りと横割り活動を入れるなどの保育の充実を図った。育児の手が離れた頃、書を再開し2つの研究会を立ち上げた。

1975年、生後6か月の乳児保育が始まり、新しい保育の研究と研修に励んだ。実践の様子を冊子にして年1回発行し、研究を深めた。この年民間福祉功労者表彰を受けた。1983年には市の公会堂で中部地区の幼児研究会講師を務めた。病を得て63歳で退職。自身の記録を残すことの大切さを感じ、自分史を書いた。

【著】『ひたすらの道』 私家版 2014 ／『続ひたすらの道』 私家版 2016

田村 すゞ子 （たむら すずこ） 旧姓福田

1934〜2015

アイヌ語およびバスク語研究、早稲田大学名誉教授

市生まれ。東京大学大学院人文科学研究科言語学専門課程博士課程満期退学。父福田邦三（生理学者）の長女。兄秀一は国文学研究資料館名誉教授。

1955（昭和30）年大学4年生の時、服部四郎率いるアイヌ語諸方言基礎語彙調査団の一員に加わる。以来アイヌ語に興味を持ち、生きたアイヌ語の音声を残そうと北海道の古老を訪ね、アイヌ語を収録。言い伝え（独話）、姉妹の会話、単語の発音を録音した。金田一京助（アイヌの叙事詩・ユーカラを紹介）、その弟子知里真志保（アイヌ民族、北海道大学教授）の教えを受ける。1963年早稲田大学語学教育研究所専任講師を経て、教授となる。アルバイトを雇い、コンピューターを購入し、音声資料を作った。1973年第1回金田一京助博士記念賞受賞。1975年から外国語講座の中でアイヌ語の授業を始める。「日本は単一民族国家だ」というような思い込みが戦後も続いたが、1980年代からようやく複数の民族の存在が知られるようになった。1996年『アイヌ語沙流方言辞典』（草風館）を刊行。1997年土人保護法廃止、先住民族として認められる。

同年アイヌ文化振興法が施行され、財団法人アイヌ文化振興・研究推進機構が設立された。田村はアイヌ語の研究水準を引き上げた中心的な存在。

研究所には2003年定年退職まで勤めた（同時に研究所も廃止）。田村はバスク語の研究でも知られ、2000年にはスペイン王立バスク語アカデミーの名誉会員となる。

【著】『アイヌ語の世界』 吉川弘文館 2013

【参】『言語学大辞典』三省堂 1988

塚崎 映子 （つかざき てるこ）

1924〜1996

愛知自閉症児親の会（現愛知県自閉症協会・つぼみの会）会長

1949（昭和24）年長女誕生。生後6か月頃、結核の予防接種を受け数日後高熱を発症し、その後一命を取り留めたが、多動、パニック、常動行動が現れた。育児を通して、障がい児も義務教育年代は共に学び、共に育ち合うことの大切さを痛感。1966年、自閉症児を抱えた母親が心中未遂事件を起こし愛知県心身障がい者コロニー建設計画が報道されたことをきっかけに親の会作りの必要性を実感。保護者の団結が必要と名大病院で知り合った患者の家を訪問し、大学の先生の力添えで 1967年5月「名古屋自閉症児親の会」を結成。会誌『つぼみ』を発行し、お互いの実情を記録し共感と励まし合い、併せて関係機関にも理解を求めて配布した。月2回「親子の集い」を実行し学びと療育の場を確保し、県や市の各関係機関に

実情を報告し、情緒児治療教育研究所の設置を陳情した。

1967年第1回全国自閉症児親の会協議会が開催され全国的に情緒児治療研究所の設置を訴えた。1970年には春日台養護学校（春日井市）に情緒児学級新設、コロニー中央病院が開院し自閉症児入院など変化が出始め、さらに、障がい幼児の通園施設・学級の設置など陳情を続けた。

1971年第3回親の会全国大会を愛知で主催する。この頃には、自閉症児の就学への理解がされ始めた。さらに、重度・重症児童の受け入れ施設、成長した自閉症者の作業所・授産所建設運動などに取り組んだ。陳情と自力での開設など両輪で活動した。1986年中日社会功労賞受賞。

【参】社会福祉法人あさみどりの会『療育援助』No.520　2018.5.10 ／「自閉症児親の会のあゆみ 塚崎映子」『中日新聞』1986.10.7

津端 英子 （つばた ひでこ）

1928〜2018

キッチン・ガーディナー

半田市生まれ。実家は200年続いた造り酒屋、丸米酒造（現丸米酒造合資会社）。両親は将来の酒屋の御新造として「物はなくても暮らせる。食は命だ」と叩き込んだ。1944（昭和19）年金城学院専門部に入り、翌年女子挺身隊として愛知時計に勤労動員される。6月、熱田空襲。英子は病気の父のため自宅に向かった。

工場にいた多くの人が爆死し、白鳥橋の下に人形のように並べられていた。英子は「自分の感性だけを頼りに生きよう」と決意した。

1955年、ヨット大会に出場する東大生の合宿に丸米の酒蔵を貸した縁で、岡崎出身の津端修一（1925～2015）と結婚。建築事務所勤務の月給とボーナスでの暮らしは新鮮で魅力的だと思った。お嬢さん育ちで買い物はつけで、現金払いも、銀行も郵便局も経験がなかった。1956年、修一は住宅公団に転職、1960年、高蔵寺ニュータウン（春日井市）の緑とかつての地形を生かした基本設計を担当。1968年に完成したのは設計とはかけ離れた効率優先の四角い箱が並んだ。1975年その一角にある義母の300坪の土地に木を植え、ログハウスを建て、畑を作った。キッチンガーデン（家庭菜園）のある暮らしである。

1976～85年に修一は広島大教授となり広島へ赴任、英子は広島の山間の本格的な田舎暮らしをして農業を学ぶ。高蔵寺と週末に往復する。1985年以降高蔵寺で70種類の野菜と50種類の果物を作り、ジャムやベーコンを作り、羊を飼育し毛織物を作り、草木染をした。英子はお金ではなく、ゆっくり時間を貯めていく「時をためる暮らし」を実践。2017年津端夫妻のスローライフを追ったドキュメンタリー映画『人生フルーツ』（伏原健之監督・東海テレビ放送製作配給・ナレーション樹木希林）が公開され、日本放送文化大賞グランプリ受賞、2017年第91回キネマ旬報ベスト・テンの文化映画部門第1位

となる。修一死去後、市・栄の居酒屋で樹木希林（1943～2018）と語り合うユーチューブ動画「居酒屋ばあば」も話題となる。2018年6月名古屋丸栄デパートが閉館になる前に訪れようとして倒れ、死去。2019年『人生フルーツ』が韓国でヒット。

【著】『キラリと、おしゃれ　キッチンガーデンのある暮らし』ミネルヴァ書房2007

【参】『キネマ旬報』2018年2月下旬号

寺沢 八重子　（てらさわ やえこ）旧姓稲山
　　1920～1989
　　名古屋市地域婦人団体連絡協議会5代目会長

小牧市出身、誠修学院（京都）卒業。市の日本アスベストに就職、3年半後に退職。1943（昭和18）年結婚。洋品店を夫と経営していたころ、背広にズボン、おかっぱ姿で男勝りと言われたが、伊勢湾台風の救援活動で飛び回るのが似合っていた。

1956年名古屋市北区杉村学区婦人会長となり、1964年北区婦人団体連絡協議会会長、1982年名古屋市地域婦人団体連絡協議会（市婦協）会長に就任、巧みな話術で知られていた。

1989年3月、市婦協創立40周年記念・『婦人なごや』300号刊行祝賀のパーティーに多数の来賓を迎え、盛大に開催した翌日、病気で入院、1か月後に他界した。

【参】窪田富美子編・刊『筍　大地に甦れ一故寺沢八重子遺稿集』1990

遠島 ふさ （とうじま ふさ）

1921〜？

従軍看護婦

中島郡大和村（現一宮市）生まれ。生家は農家。大和尋常小学校高等科（現一宮市立大和東小学校）卒。電話局の職員になりたかったが、住み込みの看護婦見習いになった。その医院の院長が軍医経験者で、1931（昭和6）年の満州事変開始によって兵士の見送りや必勝祈願のお参りを繰り返すなかで、もっと積極的に国へ奉公がしたくなっていた。1938年傷痍軍人の療養所が各県に設置される

ことになった。ここに勤めると正看護婦の資格が取れるので応募した。40人の募集に283人が応募して、合格できた。三重県伊勢市の療養所（国立療養所三重病院）や大府市の傷痍軍人愛知療養所（現国立長寿医療センター）で研修し、働いた。1941年太平洋戦争開戦を知り、現地で働くことを希望して、1942年4月旧満州（現中国東北地方）の勃利（ぼつり）（現七台河市）の陸軍病院で看護婦として勤務。

「旧ソ連軍機が飛来し、緊張した事があった。現地では中国軍やゲリラとの激しい戦闘はなかった」が、「衛生状態が悪く兵隊の患者は発疹チフス、皮膚病、性病が多かった。発疹チフスが悪化し、脳症を発症し廃人になる人も。虱が沢山わき、駆除が難しかった。一晩で2人も亡くなることも。僧職の兵隊が読経し、野原で遺体を焼いた。看護婦も死んだ」。

遠島は発疹チフスに罹患し、50日間隔離され1944年8月帰国した。帰国後、郷里

の大和村役場の保健婦となり、一宮空襲（1945年7月12〜13日、7月28〜29日、市の80%罹災）の被災者治療を行った。1945年9月から2か月間市中村区の名古屋第一赤十字病院で講習を受け、傷病者や引き揚げ者の帰国に備えた。しばらくして結婚し、一時退職したが、尾西市（現一宮市）で保健婦（現保健師）として働く。

【参】「語り継ぐ戦争 旧満洲発疹チフスまん延」『朝日新聞』2017.12.22

戸田 和 （とだ よし）

1918〜

東郷町議会議長

秋田市生まれ。秋田市の私立聖霊女学校師範科を卒業後、母校の付属幼稚園で2年半保母助手を務める。金沢医大の医師だった夫・秀雄が転勤で名古屋聖霊病院の第2代院長に迎えられ、夫と共に名古屋に来る。夫は定年退職して東郷町診療所長になり、1968（昭和43）年から東郷町に移り住む。夫のすすめや地域の人々の応援もあって1975年無所属で町会議員になるが、夫は直前に急死し選挙に立ち会えなかった。和は4

期務める。文教委員、副議長を経て1986年には町会議長になり、自民党県連女性局長にもなる。クリスチャンだったが、教会へ行く間もなくあちこちを歩き回って町民の様子をつかもうと努力した。東郷町政功労者。趣味として能楽を続け謡曲宝生流職分・日本能楽協会会

員。1974年から1986年まで名古屋家裁調停員。

【参】「女性がトップに立つと」『中日新聞』1986.9.13 ／ 『名古屋聖霊病院40年史』社会福祉法人聖霊会 1985

豊田 壽子 （とよだ かずこ） 旧姓高橋

1920～2002

豊田婦人ボランティア協会会長

父は大正期の財閥鈴木商店の番頭高橋半助。県一卒。1939（昭和14）年、豊田佐吉の甥で後にトヨタ自動車の名誉会長となる豊田英二と結婚。戦争を通じて人間共存の真理を痛感し、また豊田市の精神文化面の充実・向上を願って奉仕活動に入る。

戦後多くの若者が全国から職に就くため豊田市に来ており、知らない土地で疎外感を持つ者も多かったが、自分たちが母親代わりになって面倒を見てあげたいとの思いから「勤労センター憩いの家」を作り理事長になる。皿井壽子が障がい者施設愛光園設立の際には支援をし、その縁で豊田市に重度障がい者施設をという要望に応え「とよた光の里」の結成に尽力し理事長となる。「IAVA（ボランティア活動推進国際協議会）日本」の初代理事長。豊田市国際交流協会理事長など多数の役職を歴任。キワニス社会公益賞・中日社会功労賞・東海こころの賞のほか受賞多数。2000年には豊田市の名誉市民となる。

ボランティア仲間との合い言葉は「若者が心豊かに育ち行く社会こそ豊かな社会が築かれる」で、国際会議に若者をポケットマネーで同行させたこともある。社長夫人として権勢を誇ることなく、若い社員のため、豊田の障がい者のために力を尽くした。なぜ熱心にボランティア活動を行うのかと聞かれると「私が育った時代がそうさせた」と答えている。

【参】豊田英二『決断』 日本経済新聞社 2000

内藤 ルネ （ないとう るね）

本名功（いさお） 1960年頃まで瑠根

1932～2007

イラストレーター、デザイナー

岡崎市羽根町で青果店を営む父藤吉、母きよの次男。5人きょうだい。幼年時は年子の姉と人形遊びをした。1944（昭和19）年、中原淳一の挿絵と出会い、感動。中学卒業後蒲郡（がまごおり）の紳士服店に1年半住み込みで働いた時、中原の少女誌『ひまわり』で彼の絵に再会。絵を志し実家の青果店を手伝いながら、中原へ絵を送り続けた。

1951年上京し、「ひまわり社」入社。1954年、対象年齢を低くした『ジュニアそれいゆ』の創刊号から主要メンバーとなる。ペンネームのルネは映画監督ルネ・クレマンから名乗った。ルネはポップで元気で明るい女の子を描いた。日本の少女たちに自分の価値が美しく、しとやかではなく、かわいく、元気であることに気付かせた。日本の「かわいい」文化の生みの親といわれる。またグッズデザイナー

としても活躍。

1960年『ジュニアそれいゆ』廃刊、ひまわり社解散によりフリーになる。その頃『女学生の友』（小学館）『少女クラブ』（講談社）『リボン』（集英社）『な かよし』（講談社）の付録・イラストやコラムを発表し、『服装』『私の部屋』（婦人生活社）に手芸、インテリア等を連載、1992年まで続いた。いちご柄や白く塗った家具の提案をした。1971年、「ルネ・パンダ」を発表、翌1972年上野動物園にカンカン、ランランが来日しパンダブームが起こった。1990年頃、詐欺にあい、ほぼ全財産を失う。2001年僅かに残った静岡県修善寺町（現伊豆市）の土地に「内藤ルネ人形美術館」を開館。

ポップな少女文化を担う一方、同性愛者の地位向上を目的とした雑誌『薔薇族』で14年間表紙を担当。自伝でも同性愛者であることを告白している。

2002年、東京弥生美術館の個展開催以来再評価され、2019年、郷里の岡崎市にルネのラッピングバス登場。

【著】『内藤ルネ自伝 すべて失くして』小学館クリエイティブ 2005

【参】NHK テレビ「金とく・そしてカワイイが生まれた～内藤ルネ光と影」2018.1.16 放送（中部地方のみ）

長沢 詠子（ながさわ えいこ）

1921～

菅江真澄研究者

長沢が菅江真澄の名を知ったのは、柳田国男の『雪国の春』や『秋風帖』などの著作によってだった。真澄にひかれ、その著述を読んでみたいと思いつつ、戦中戦後の混乱や子育てに追われて果たせなかった。菅江真澄（1754～1829）は三河生まれ、30歳時、北への長い旅に出て秋田で没する。土地の風俗、行事、口碑、伝説、動植物などを探求して記録してゆ く。1965（昭和40）年内田武志・宮本常一編訳『菅江真澄遊覧記』全5冊が平凡社の東洋文庫として出版され、「尾張の真澄を調べよう」とした。文中に「三河の国人ながらいといとわかゝりしころは、尾張ノ国にのみありて」とあるため。当時白井知之、秀超と名乗っていた真澄は23歳頃尾張の文人・丹羽嘉言のもとで漢文を習ったことがはっきりする。丹羽嘉言を西尾の岩瀬文庫や刈谷の村上文庫で調べる。1973年夫を亡くし、これから何をしようかと言ったら息子や娘に「まず秋田へ行って来たら」と言われ、真澄が愛し、師と仰ぐ内田武志の住む秋田へ行った。真澄研究とあわせて民具研究をし、『安城市歴史博物館研究紀要』に発表した。長沢の念願は「愛知の真澄にしなくちゃ」である。

【著】「三河の菅江真澄」『安城市歴史博物館研究紀要』1995 No.2 ／「尾張の菅江真澄」同 1997 No.4

【参】「生きる女－菅江真澄研究に情熱をもやす長沢詠子さん」『朝日新聞』 1980.4.10

長瀬 正枝 （ながせ まさえ） 本名正子

　1934〜

　ＮＨＫ「中学生日記」レギュラー作家
旧満州大連生まれ。２歳の時、旧満州安
東に転居、5年生の時敗戦、「戦後の戦争」
を経験し、引揚げ。熊本県立大牟田高校
を経て、1958（昭和33）年県立熊本女子
大学（現熊本県立大学）文学部国文学科
卒業。
30年間名古屋市立中学校国語教諭として
約6000人の生徒と向き合い、1989年退職。
1970年雑誌『裸形』同人として創作活動
を始め、ＮＨＫラジオ・ドラマ等の脚本
執筆に参加する。「中学生
日記」（ＮＨＫで1972〜20
12年放送）脚本の３点を
『点数がほしい』（ポプラ
社、1995）にまとめた。
進学のための成績表や、試験の点数にこ
だわり、友人、親子、兄弟間のこまごま
とした葛藤や仲直りを、教師が見守り指
導する現実が繰り返し描かれている。「中
学生日記」は、東海の少年少女が俳優に
なる道を開いた。
敗戦時満州の日本人社会の体験をもとに、
日本人を励まし救って銃殺された道官咲
子（通称お町さん）の生涯を追ったドキ
ュメント作品もある。1988年反戦の思い
を込めて「戦争の追体験を語る集い」を
開いた。中部ペンクラブ理事。
【著】『お町さん』東京かのう書房 1986
【参】「語り継ぐ『8・15』」『読売新聞』
1988.8.11

中田 照子 （なかた てるこ） 旧姓油野

　1935〜

　愛知県立大学名誉教授

大阪市生まれ。1957（昭和32）年南山大
学社会科学部卒。市立女子短期大学（現
名古屋市立大学）教授を経て県立大学社
会福祉学科教授。定年退職後同朋大学社
会福祉学部教授、名古屋経営短期大学教
授、公益財団法人東海ジェンダー研究所
理事等歴任。近代的労働システムのもと
で、働く母親にとって育児と仕事の両立
は、保育所不足・保育所のあり方とのた
たかい、具体的には産休明け乳児保育と
保育時間について、「母性愛神話」を克服
し、女性労働の現実に見合ったものにす
ることであった。その過程について、労
働や保育の現場、子どもたちの集団、保
育者の学習、親や保育者の働きかけ、国
・地方自治体の社会福祉政策などの現実
を調査するとともに、多様な文献や統計
を総合的に検討することで明らかにしよ
うとした。
その調査は、愛知から日本、日米の比較
に及び、視点もシングルマザー、シング
ルファーザーへ、さらに働く父母の生活
時間の国際調査へと拡大し、イギリス・
スウェーデンや中国も視野に入れて、必
要な保育政策・労働政策を探っている。
子どもの発達と社会化と同時に、男女平
等を実現するには、０歳児からの保育と、
男女ともに柔軟な労働時
間と労働形態を現実にす
る施策が必要と提案して
いる。
【編著】『国際比較：働く父母の生活時間
－育児休業と保育所』御茶の水書房 2005

長谷 豊子 （ながたに とよこ）

1933～

帰国子女生活適応センター所長
神戸市生まれ。1954（昭和29）年県立愛
知病院（現岡崎市立愛知病院）で看護婦
として働く。1959年より３年間ハワイ、
アメリカの病院で奉仕活動に携わる。
1964年日本政府機関で通訳をしていた時
に、調査団の一員として残留邦人が多く
住む中国の東北地域を訪問し、その時に
見た彼らの貧しい暮らしに驚いた。その
体験から子どもたちを日本に帰国させし
っかり教育を受けさせたいと、看護婦の

仕事を続けながら1973年
発会の「日中友好手をつ
なぐ会」名古屋支部員と
なり、帰国子女生活適応
教育センターを立ち上げ、
所長となる。センターとして日本語教室
を開いたり、中国残留帰国者また帰国２
世のため、働きながら医療事務を学べる
職業訓練校を市教育館の一室に設立した
りした。あわせて、帰国したいが身元引
受人がなくて帰国出来ない人の身元引受
人になった。自らも一時孤児となった体
験が活動の原点だった。
【参】『日本に暮らす－中国帰国者のいま』
名古屋国際センターＮＩＣ　2009

長松 一枝 （ながまつ かずえ）

生年不詳

名古屋クラブ婦人団体連絡協議会初代
会長、名古屋YWCA会長、理事長
名古屋YWCAは1933（昭和８）年設立、

第２次世界大戦中、欧米の基督教だから
と排斥され、苦難の道をたどったが、戦
後1946年金城教会を拠点に再出発を図り、
1949年長松一枝のもと復興計画を立て、
翌年会館を再建、英語を中心とした講座
も充実した。
長松は1949～52年、1954～56年、1962年、
1964～65年、1967年会長、1956～75年理
事長を務めた。
1950年ごろ、市社会教育課長加藤善三は、
地域婦人会は連絡協議会があるが、職能
・文化団体の交流の場がないため組織結
成を呼びかけた。
1951年９月に19団体で名古屋クラブ婦人
団体連絡協議会（以下クラブ）が発足し、
長松一枝が会長に就任した。加藤が地域
婦人会、市社会教育主事の前田美稲子が
クラブを担当した。1955年５周年記念に
第１回名古屋クラブ婦人大会を開催、195
8年には『クラブ通信』を創刊、1982年に
は30周年を記念して『ながれ－30年のひ
びき』を刊行した。全国的に地域婦人会
の連絡組織はあっても、地域の文化団体
の交流組織は少なかった。クラブは地域
婦人団体と提携して、女性会館建設運動
その他諸活動に取り組んだ。
【参】澄川初子「名古屋クラブ婦人団体
連絡協議会」戦後名古屋婦人教育史研究
会編『戦後名古屋の婦人教育－回顧と展
望』1994

野際 陽子 （のぎわ ようこ）

1936～2017

アナウンサー、俳優

富山県生まれ、母の実家で里帰り出産。
３歳から東京杉並区育ち。立教女学院中
・高校を経て立教大学
卒。大学では初代ミス
立教に選ばれ、ＥＳＳ
の英語劇に出演。1958
（昭和33）年ＮＨＫにア
ナウンサーとして入局し、名古屋放送局
に赴任。1959年９月26日伊勢湾台風に遭
う。中心気圧849mb、瞬間最大風速約60m。
21時35分、名古屋港の満潮に重なり、堤
防が破壊され、巨大ラワン材を巻き込ん
で海水が襲いかかった。死者5,098人。当
時女性としては珍しく、同僚の**下重暁子**
とともに災害報道に携わる。
野際は翌1960年東京局へ異動、1962年に
ＮＨＫ退局、1963年ＴＢＳテレビドラマ
「悲の器」で主演の佐分利信の教え子役
で俳優デビューし、理知的な美人と評価
された。1966〜67年パリ留学。ミニスカ
ートの最新ファッションで帰国。「戦中の
モンペをはいた世代としてミニは自由と
平和の象徴だった」と語る。
1968〜72年テレビドラマ「キイハンター」
に出演。1972年共演の千葉真一と結婚、
３年後に真瀬樹里を出産する。当時38歳1
1か月での初産は芸能人最高齢。1992年テ
レビドラマ「ずっとあなたが好きだった」
で息子を溺愛する姑を演じ、「冬彦さん現
象」を起こす。以後着物姿の姑役が定着。
1994年離婚。2007年橋田賞受賞。2011年
３月福島第一原発事故をきっかけに自宅
の全照明器具を省エネのためＬＥＤに替
える。
2013年12月特定秘密保護法の制定に関し

て反対を表明。「震災や原発、憲法のこと
など最近は何だかおかしい。私たちの世
代もおかしいと声を上げないといけない」
と語る。2016年秋からテレビ朝日系ドラ
マ「やすらぎの郷」に出演していたが、
肺腺癌が再発、体調悪化の中、2017年５
月まで撮影を続け、６月に死去。
【著】『脱いでみようか』 扶桑社 1996
【参】『ＮＨＫ名古屋放送局80年のあゆみ
1925年〜2005年』ＮＨＫ名古屋放送局
2006

野尻 千里 （のじり ちさと）
　1952〜2015
　医師、人工心臓開発・普及
豊川市生まれ。京都大医学部卒。
「女の人もこれからは仕事を持って自立
すべし」と母親に言われて育った。大阪
府立北野高校から京都大学理学部に入学
後、当時「女性はノーベル賞どころか科
学者になれない、せいぜいそのお茶くみ」
と知り、医学部を再受験、1978（昭和53）
年医学部卒業。心臓外科を希望した京大
医学部第二外科は「女は採らない」と入
局できず、1979年小倉記念病院、1980年
熊本赤十字病院、1981年東京女子医科大
学日本心臓血圧研究所で心臓外科の研鑽
を積み、博士号取得。通常医師になるに
は一人の教授のもとで研修に励むが、千
里はより高いレベルを求めて次々と研修
先を変えた。教授らも紹介の労をとり千
里を応援した。1986〜89年米国ユタ大学
に留学し、「人工臓器の父」と呼ばれるウ
ィレム・コルフ教授との出会いが転機と

なる。千里は心臓外科医
として患者の手術をし、
その苦しみや手術の限界
を強く感じ、人工心臓に
希望を託した。人工臓器
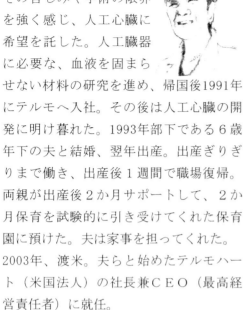
に必要な、血液を固まら
せない材料の研究を進め、帰国後1991年
にテルモへ入社。その後は人工心臓の開
発に明け暮れた。1993年部下である6歳
年下の夫と結婚、翌年出産。出産ぎりぎ
りまで働き、出産後1週間で職場復帰。
両親が出産後2か月サポートして、2か
月保育を試験的に引き受けてくれた保育
園に預けた。夫は家事を担ってくれた。
2003年、渡米。夫らと始めたテルモハー
ト（米国法人）の社長兼CEO（最高経
営責任者）に就任。
血栓ができにくい画期的な補助人工心臓
「デュラハート」を開発し、重度の心臓
疾患を抱えて移植を待つ世界の患者に治
療の道を開いた。2004年「デュラハート」
はドイツで臨床試験を開始、2007年欧州
で販売承認、2008年アメリカ、日本で臨
床試験開始。人工心臓は移植までのつな
ぎ医療から一生使えることをめざしてい
る。2008年日経ウーマン「ウーマン・オ
ブ・ザ・イヤー2008大賞」受賞。
2009年テルモ上席執行役員兼コーポレー
トCMO（チーフメディカルオフィサー）
に就任。2010年「デュラハート」は日本
で販売承認された。2015年テルモを定年
退職、国民の健康増進を目指す国家プロ
ジェクトの東京大学COI（センターオ
ブイノベーション）研究機構副機構長を
務める。「自分で守る健康社会」を目標に

動き出したばかりで他界した。
【著】『心臓外科医がキャリアを捨てCEO
になった理由』 東洋経済新報社 2015
【参】「ひと－欧州で販売承認された最新
鋭の人工心臓開発者 野尻知里さん（55）」
『朝日新聞』 2007.6.21

野間 美喜子 （のま みきこ）

1939～2020

ピースあいち初代館長、弁護士

東京四谷生まれ。5歳のとき、三重県津
市に疎開したが空襲に遭い亀山市に再疎
開。1946（昭和21）年、
新憲法公布の年に小学校
に入学。先生が教室で読
んでくれた憲法前文の平
和主義に感銘を受け、憲
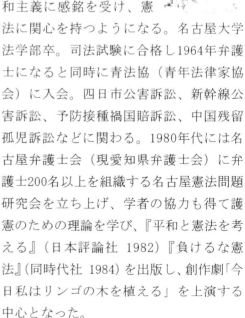
法に関心を持つようになる。名古屋大学
法学部卒。司法試験に合格し1964年弁護
士になると同時に青法協（青年法律家協
会）に入会。四日市公害訴訟、新幹線公
害訴訟、予防接種禍国賠訴訟、中国残留
孤児訴訟などに関わる。1980年代には名
古屋弁護士会（現愛知県弁護士会）に弁
護士200名以上を組織する名古屋憲法問題
研究会を立ち上げ、学者の協力も得て護
憲のための理論を学び、『平和と憲法を考
える』（日本評論社 1982）『負けるな憲
法』（同時代社 1984）を出版し、創作劇「今
日私はリンゴの木を植える」を上演する
中心となった。

1993年、愛知県と名古屋市に「戦争とメ
モリアルセンターの建設を呼びかける会」
を結成し、事務局長になる。県も市も財

政難を理由に建設が遅れる中、高齢女性からの土地300㎡と1億円の寄付を得て、2007年、民設民営の「ＮＰＯ法人平和のための戦争メモリアルセンター（通称ピースあいち）」を開館し体調不良で退任する2018年まで館長を務め、退任後は理事長に。折々のイベントや「愛知県下の戦争」「戦争の全体像」「戦時下の暮らし」「現代の戦争と平和」と四つの戦争被害から加害までを展示し、運営は全てボランティアが担っている。

幼少時の戦争体験からも平和と人権への思いは強く、2005年設立のあいち女性九条の会の共同代表も務めた。

【著】『哀愛』中日新聞本社 1995
【参】名古屋憲法問題研究会編『負けるな日本国憲法』同時代社 1984

秦 恵美子（はた えみこ）旧姓藤原
　1934〜
　児童ケースワーカー、地域運動家
長野県南木曽町妻籠出身、7人きょうだいの3女。長野県立中津高校から中部社会事業短大（現日本福祉大）卒。郷里の公民館の文化講座や島崎藤村の作品で社会に関心を持った。母校人間関係研究所の児童相談部専任ケースワーカーとなり、1男1女の母となる。杁中・八事 （いりなか）（やごと）
平和懇談会に参加し、**浅賀ふさ**、**浦辺史**に相談して第1回愛知母親大会に準備会から活動。子どもがまともに成長しにくい社会に対して、やっと自分たちの意見を言う機会が来た、逆境にある女性の生

の声を初めて聴くことができた会だったと実感する。

1964（昭和39）年以降日本母親大会が地域大会開催方針を出し、昭和区母親大会の第2回から事務局長、第10回から実行委員長、1976年分区した天白区母親大会実行委員長、1989年ごろにはその関係者で「ミロの会（魅力ある老後を考える婦人の会）」を設立して勉強した。母親運動で人間の生き方を学び、女の運動は楽しく人間的なやさしさが必要という。名古屋短期大学・中京大学非常勤講師、名古屋家庭裁判所調停委員、名古屋ＹＭＣＡ親子相談室カウンセラー、市青少年問題協議会委員等を務め、子ども・女性の幸せ実現のための具体的活動を進めた。

【著】『子育ての目』 ミネルヴァ書房 1979
【参】藤野道子・中西静子「秦恵美子さん 女の生き方を学んだ場」愛知女性史研究会編・刊『母親運動を育てた人々－愛知女性のあゆみ第二集』 1989

原 夏子（はら なつこ）旧姓新村
　1932〜2020
　中学英語教師
京都市生まれ。4歳の時に父親が治安維持法違反で逮捕され、母、弟、妹とともに祖父の家に居候。国民学校6年時には弟とともに学童疎開。戦後、同志社女子中・高で学ぶ。1951（昭和26）年、父親の名古屋大学文学部赴任に伴い家族で名古屋へ移転。大学在学中に母、祖母を失い1年留年したが、1957年名古屋大学仏

文科を卒業。同年、名古屋市立中学校の英語教師となる。父親が失業した際、祖父母の厄介にならざるをえず、女も自立して働き、自分の稼ぎで生活すべきと強く思い、永続性、安定性、男女同一賃金である教師を選んだ。同志社で仕入れた英語力で基礎英語なら教えられると思い、初めから中学校を志した。在任中、学校現場の非民主性、職員の中にはびこる学閥、女性差別に接し、その解決のために発言、活動する。また、政府の政策に左右され振り回される英語教育に向き合い、生徒たちの英語に対する姿勢に疑問を持って、40歳時に新英語研究会（「なぜ外国語を教えるのか」「なにをどう教えるのか」をモットーにする自主的な英語教育研究団体）に入会し、全国の先生たちと共に学ぶ。以来、全国常任委員、レポーター、司会、助言者を務め、新英語研究誌に寄稿。共著で研究書も執筆。非行の嵐が吹き荒れる中、人間性を豊かに育て、楽しく英語を学ぶ授業を心がけた。

中学校で37年、定年退職後日本福祉大学で非常勤講師を7年、英語教育歴44年。1961年に市立高校社会科教師の原哲朗と結婚。一男二女あり。

他に、東海遺児を励ます会の理事を**本山政雄**とともに務める。あいち九条の会世話人。愛知憲法会議、ピースあいち会員。うたごえ運動に参加。趣味は編物。

2014年、亡父の書庫から「治安維持法違反、被告人、新村猛」と表書きした予審調書、祖父 新村出の上申書、弁護士のメモを発見。以来、父の書き遺した資料を読み込んで、父逮捕の詳細を知るに及び、秘密保護法や共謀罪と治安維持法を対比して話をする機会を得、積極的に悪法反対運動に参加した。

【著】「荒れた教室に生きる学力を」新英語教育講座17巻『学力と評価』三友社出版 1988

【参】新村恭『広辞苑はなぜ生まれたか 新村出の生きた軌跡』世界思想社 2017

坂　喜代子　(ばん きよこ)

1950～2017

女性ユニオン名古屋初代委員長

鹿児島実践女子高校卒。1979（昭和54）年、名古屋相互銀行（現名古屋銀行）豊明支店のパート募集に応募し、同支店で週6日、オペレーターとして勤務を始める。初期の電算端末機は鍵盤が重く、程なく頸肩腕症候群を発症したため労災申請をしたところ、銀行は退職強要と労災隠しのセットで責め立てた。闘いの結果、労災が認められ、職場復帰を勝ち取る（パート初の労災認定）。職場復帰はしたものの、銀行は無視し、いじめを続けたため精神的に疲弊しながらも、均等待遇や女性の地位向上をめざして活動を続け、1999年名古屋ふれあいユニオン結成に参加。翌2000年から4年間委員長を務める。

ふれあいユニオンの活動の比重がなかなか女性労働に重点がおけないこともあり、2007（平成19）年、女性ユニオン名古屋を結成。委員長となる。坂は正社員化が長年の夢であり、最初は個人で要求し、ときに銀産労（銀行産業労働組合・現金

融ユニオン）の団体交渉も使ったが実らず。2007年の改正パートタイム労働法で認められた3要件に合致するとして女性ユニオン名古屋として何度も団交を行ったが、銀行はあれこれ難癖を付けて正社員化を認めなかった。

パート問題の解決には政治力が必要との思いに達し、2009年の衆院選に社民党公認の東海ブロック候補者として立候補したが落選。正々堂々と職場に戻る決心をし、「落選したので銀行に戻りたいんだけど、私のデスクはまだあるのかな」「ありますよ。机も椅子もパソコンもそのままです」と即答があり、出社すると、同僚や上司の挨拶が丁寧になり、パートタイマーの待遇が改善され、近所では「あそこの嫁はよそ者、変わり者、共産党」のキーワードから「あそこの嫁は女性国会議員候補」に変わり、よく話しかけられるようになったという。

【著】坂喜代子「改正パート法はパートの待遇改善になるのか」『女性労働研究』No.52 2008

【参】渋谷龍一『女性活躍不可能社会ニッポン』旬報社 2016

久田 尚子（ひさだ しょうこ）

1935〜2012

ファッションジャーナリスト

市生まれ。1957（昭和32）年、東京の文化服装学院卒。同年文化出版局入社、『装苑』編集部勤務。1967年『SOEN』パリ支局勤務。当時パリコレクションでは高田賢三など日本人デザイナーが活躍していた。その後帰国して『装苑』『ミセス』『ハイファッション』の編集長を歴任。編集部員には「モデルを使う」など「使う」という言葉を使わないように、と指導した。デザイナー、モデル、カメラマンなど多くの人が係わる雑誌づくりでは編集者が上の地位ではない、皆で作るのだ、が理由。

『ハイファッション』は対象を一般向けに一新し、オートクチュール（高級注文服）中心からプレタポルテ（高級既製服）時代に合わせた。「自分だったらどんな服を着たいか、と徹底的に考えることで読者と同じ視点に立てた」、すると部数は5倍に増えた。

1985年「東京ファッションデザイナー協議会」結成に参加。「東京コレクション」の運営に尽力した。1996年定年退職。1996〜2006年「東京ファッションデザイナー協議会」議長を務める。

2000年第18回毎日ファッション大賞・鯨岡亜美子賞受賞。受賞理由は、異業種コラボレーション、パリファッションとの国際交流やセミナー開催など精力的な指導性を多方面に発揮したことが評価された。ファッションジャーナリストの草分け的存在。

【参】「ニッポン人・脈・記　東京モード⑦　変化こそ価値、欲望先取り」『朝日新聞』2006.9.7（夕）

土方 康夫 （ひじかた やすお）

　　1931〜1988
　　日本福祉大学女子短期大学教授、保育
　　問題研究者、保育運動家

市生まれ。名古屋大学教育学部卒。子ど
もの絵の研究が縁で、1956（昭和31）年
中部社会事業短大（現日本福祉大学）に
就職、1959年の伊勢湾台風救護活動とし
て仮設住宅の中に臨時保育所が設置され
た際、生活と子どもの発達を保証する保
育実践とその理論化にかかわった。
次いで三重県下の農漁繁期の季節保育所
を指導し、さらに広く保育所づくり運動
へ向かう。
1960年宍戸健夫ととも
に、名古屋に保育問題
研究会を創設、1962年
愛知初の共同保育所（池
内共同保育所）運営に参加、千種区星ケ
丘団地の公立保育所づくり運動を支援し
た。同時に保育の担い手である保育者が
どのような仕事を期待されているか、保
育者論も重視した。1979年から日本保育
学会理事を務め、1982年から全国保育問
題研究集会等の運営にかかわり、学生の
指導に熱心に当たると同時に日本全体の
保育の発展に寄与した。
保育者を軸にした保育運動、国民の保育
要求運動を共に推進し、それを理論化し
た研究者、保育運動家であった。妻弘子
（旧姓大森）も保育者・保育問題研究者。
死去後、「土方康夫先生を偲ぶ会」が開催
され、追悼集『明日に向けて生きる力を』
が刊行された。
【著】『保育とは何か』　青木書店 1980

【参】勅使千鶴「土方康夫先生の仕事」
『日本福祉大学研究紀要』（土方康夫教授
追悼号）1990.7

火田 詮子 （ひだ　せんこ）
　旧姓前畑、本名・海上真由美（うなかみ）
　　1954〜2019
　　小劇団俳優

静岡県生まれ。市育ち。県立名古屋西高
校卒。高校在学中、映画研究会の部長と
なる。3年の時金井勝の『無人列島』の
上映を学校に断られ、やむなく県立西高
近くの名古屋初のアングラ劇場シアター
３６（さぶろく）を借りて上映。これを
きっかけにシアター３６に通うようにな
る。
高校生当時から決められたレールに乗る
ことへの抵抗が強く、レールに外れたと
ころに身を置くのが使命と思っていた。
芝居は悪所のように思っていたから、芝
居小屋に入り浸った。出演を誘われて、
1972（昭和47）年シアター３６で時代劇「眩
暈」で初舞台を踏む。その折、芝居の素
晴らしさに目覚めた。その後、1972年開
場の大須七つ寺共同スタジオに出入りす
る。1973年劇作家北村想が率いた劇団「T
PO☆師団」に請われ、七つ寺で出演。
以来、「星月夜物語」や「月夜とオルガン」
など多くの舞台に出て演技力を磨いた。
特に1979年「寿歌」で3人のキャストを
複数の俳優で演じ、人気が出て全国公演
をした。1983年アングラ的な傾向が強い
演出家海上宏美と結婚し、「月の牙」「ハ
ヤシクラブ」など次々と名前を変えた劇

団で出演。その間東京での新劇や商業劇団員などが混じった公演やメッセージ性の強い作品や寺や公園・テントでの芝居などに参加。なかでも、1986年の中日劇場開場20周年の『ブルーストッキングの女たち』の伊藤野枝役では「唯一格好いいと思っていた役を演じて嬉しかった」、「アングラの道を歩

んだ自分が出ていいかと悩んだ」と言っている。

1987年、1991年と２子を出産し夫と交代で育児・出演をこなしたが、裏方の仕事が多くなり海上とは袂を分かった。1993年スペイン語圏の作家の作品のみ演じ、「動く絵画」といわれた劇団「クセックＡＣＴ」に関心を持ち、「声が身体を動かす」を体験し以後亡くなるまでこの劇団で演技を続けた。芝居以外にも朗読、映画、バンド活動など幅広く活動した。

【参】二村利之『実録 火田詮子アングラの交差点に立ち続けた役者』 火田詮子舞台活動50周年活動記念誌刊行委員会 2019

平乃 たか子 （ひらの たかこ）
旧姓平野、婚姓松谷

　　1935～

　　歌手（ポピュラー主としてシャンソン）
県立安城高校卒。1954（昭和29）年、出来たばかりのＣＢＣ合唱団に300人余りの応募者の中の12人（男子４人・女性８人）に入り、入団。コーラス番組だけでなくラジオのミュージカル、ドラマの主

題歌、ＣＭソングなどソロとして活動。1956年に退団し、上京。東京新宿の音楽喫茶などでシャンソンを歌う。1958年頃よりＮＨＫラジオ「食後の音楽」「きらめくリズム」、ＮＨＫテレビ「花の星座」などの出演を機にシャンソンを中心としたポピュラー歌手を目指した。

1959年結婚を機に名古屋を中心とした音楽活動を育児をしながら展開した。1969年から始めたリサイタル、それに続く「平乃たか子コンサート」は1992年疾病で療養生活を始めるまで311回も続けた。シャンソンをベースにオリジナル曲も多く歌った。歌うことで観衆に元気を与えられたらと積極的にオリジナル曲を作り歌った。その間には海外でも有名歌手との共演やシャンソン喫

茶で１か月公演するなど活躍した。その活動に対して1982年には名古屋市より芸術奨励賞を受賞。長期療養のあと、2013年に復活コンサートを開く。疾病・認知症とたたかいながら2015年には80歳バースデーコンサートを、2017年にはデュークエイセスと一緒に舞台に立った。2018年以降は「声の続く限りは歌いたい」と歌声サロン的なライブハウスで春と秋に歌っている。東の阿川（泰子）、西の平乃と言われた。

【参】『中部日本放送50年のあゆみ』中部日本放送 2000 ／ チラシ「平乃たか子コンサート～歌いつづけて60年～」2017.9.22

深見 正子（ふかみ まさこ）

1930〜

県生活改良普及員、婦人労働サービス
センター所長

県生まれ。椙山女学園女子専門学校卒。
長谷部ひろ（椙山女学園教員で当時県生
活改善専門技術員兼務中）より、農村の
生活改善の大切さを学び、1949（昭和24）
年度の試験を受け1950年生活改良普及員
（戦後GHQにより、農村の封建性を払
しょくするために設けられ、農業改良助
長法が1948年8月1日施行。生活と農業
に分かれる）になる。初め海部郡東部地
区を担当し、簡易水道を引くことに尽力。
食事の改善、台所の改修、託児所づくり
など実態調査から分析・計画立案・施行
の経験を積み、その後の公務員活動の基
本を学ぶ。交通手段は、白い自転車を使
ったことから「白い自転車」が改良普及
員の象徴とされた。 19年間続ける間に、
課題は変化し、学童の生育状況や農業の
機械化による健康問題などの改善も加わ
っていった。1969年か
らは県消費生活センタ
ー新設に携わり、消費
者教育のカリキュラム
を作るなど講師として
も活動。 1974年国民生活センター主催の
「消費生活相談員養成講座」の県での開
催に尽力。1980年総務部青少年婦人室室
長に就き、婦人政策決定参加の促進に力
を入れた。 1983年婦人労働サービスセン
ターの所長になり、女性の労働能力向上
を願って、「能力開発セミナー」を企業・
短大や大学などで開催し、必要性を訴え
ていった。セミナーに多くの女性が参加

できるよう地域にも出かけ、メディアの
活用に力を入れた。退職後も中小企業労
働相談所に勤めた。
【著】『白い自転車』 私家版 1987
【参】「ゆうかんさろん 人 初の女性職員
史」『中日新聞』1987.5.11（夕）

福富 奈津子（ふくとみ なつこ）

1934〜

作家

県生まれ。1959（昭和34）年**江夏三好**（江
夏美子ともいう）（1923〜1982）主宰の同
人雑誌『東海文芸』の創刊に立ち会い、
共に歩む。1973年頃作品「嵐」が『新潮』
に転載された。同じ頃NHKのラジオR
1文芸劇場「おだやかな部屋」（瀬戸内晴
美原作）の脚色なども取り組んだ。
1976年『東海文学』60号の「闇の中に見
えるものとは」で『文学界』に紹介され
た。江夏からは、「女流特集も組めるほど」
と期待している女性グループに、**伊藤和
子**（1930〜「傾く陽」発表）と共に名が
あげられた。『東海文芸』は主宰江夏三好
の他界により廃刊され、1982年からは三
田村博史創刊の同人雑誌『文芸中部』に
積極的に作品を発表した。
『文学界』の同人雑誌評に1982年「おち
る」を初め多数掲載された。1988年風媒
社から『哀しみを捨てた女』を出版。
【参】「愛知人物地図33 文学に生きる
（5）」『中日新聞』1975.1.22

藤森 節子 （ふじもり せつこ）

　1932〜

　文学研究者

南満州生まれ。1947（昭和22）年引き揚げ、母の故郷に戻り、蒲郡町立蒲郡高等女学校（現県立蒲郡高校）3年に転入。1951年名古屋大学文学部に入学し中国文学を専攻。在学中より魯迅に関心を持ち、1953年に「中国研究会」を作り、冊子『中研』を創刊する。丸山静主催の読書会「春の会」に入会し、中国文学や現代の文学に何ができるかなどの討論や研究に励む。同会の冊子にエッセイや映画評や劇評などを発表する。その会の岡田孝一と結婚。1988年水田洋代表の同人誌『象』や岡田の創刊した『貌』に積極的に作品を発表し、1994年『女優 原泉子－中野重治と共に生きて』、竹内好『魯迅入門』の解説、2000年『秋瑾－嘯風』刊行。1993年より、同人誌『象』に間歇的に発表してきた自伝的作品の『少女たちの植民地』では中国大陸で育てられた人情、心情をそのまま懐かしいとするのでなく、批判的に事実と照らし合わせ、日本が戦争中に中国でしてきたことへの反省と重い責任を自らに課す姿勢を貫いた。

【著】『少女たちの植民地 関東州の記憶から』 平凡社 2013

細田 愛子 （ほそだ あいこ）

　1929〜

　子ども文庫活動家

20代の前半銀行勤めをしていた時、肺結核で3年間闘病生活を送った。回復後、

絵画教室に興味を抱き、そこで夫と出会う。戦後の文化的活動の波に乗った。1966（昭和41）年長女が小学校1年の頃、緑区の新興住宅地で図書館がなかったので、主婦7、8人で団地の集会所に子ども文庫を開設。文庫の運営に関わる。1973年天白区に転居。まだ天白区にも図書館がなかったので、自宅に子ども文庫を作り、チラシを配ったりして多い時には400人も集まった。4年後図書館が開館するまで子ども文庫活動・子育て運動を続けた。自宅の文庫活動を辞めてからも、天白子どもセンターを立ち上げ、事務局長をつとめ、1981年天白社会教育センター開設後は同館で週1回の会合を持ち、子ども祭りを開催するなどの活動をする。グラフィックデザイナーの夫の協力を得て、お母さん人形劇連絡協議会代表になり、天白文化事業センター運営委員長を勤め、読み聞かせの「ひばりの会」代表も引き受け、週1回図書館で読み聞かせや児童館で折り紙も教えた。

【参】『てんぱく 10周年記念誌』 天白社会教育センター 1991 ／「子どもたちの輝く目が活力源」『中日新聞』1991.5.29

堀川 道子 （ほりかわ みちこ） 旧姓市橋

　1932〜

　いずみの会最終代表、家永教科書裁判支援の会会員

市生まれ。莫大小卸商家庭の次女。県立女子短大（現県立大学）卒業後、同女子

大学（現県立大学）に編入学し卒業。私立高校で非常勤講師。敗戦の詔勅を聞いた時「天皇陛下のお役に立てなくて本当に申し訳なかった」と詫びる立派な「少国民」だったが、戦後民主主義教育になったはずの子どものＰＴＡ運営にかかわると、学校教育には権威主義が残っていて、発言すると「母親が学校にモノを言うようになった」と話題になる。それでも民主的運営に改善されるように変わり、他校へも波及していった。家永三郎教科書裁判支援の会、内申書裁判支援、ＰＴＡ問題研究会、非行問題研究会等に参加し、子どものための教育が進められるよう努力した。さらに地域の子ども文庫開設運営を20年、学校建設運動など、住んでいる地域の教育問題にもかかわり続けた。戦中教育を体験した目でＰＴＡの廃品回収について「ひととき」に投稿したことをきっかけに、いずみの会へ参加、多くの友達や先輩とともに、目標に向かって学びあえたから、逃げ出すことはなかった。

いずみの会は、1955（昭和30）年10月、『朝日新聞』「ひととき欄」投稿女性130人で発足した。「書くこと、読むこと、話し合うこと」によって結ばれ、自主的な学習を通じて、社会が平和で民主的であることを目指して行動するのがモットー。年6回会誌『いずみ』を発行、会の運営はすべて会員が交代で行い、新聞を読む会、ＰＴＡ研究会、老人問題研究会などの集まりも生まれた。伊勢湾台風救援活動、安保反対行動、小児麻痺生ワクチン投与運動等に参加する。会員の文集『主婦の戦争体験記』（1965）、『伊勢湾台風　その後二十年』（1979）、『81本のえんぴつ』（1985）、『野を駆けて』（1995）、『いずみ50』（2005）、その他を出版、女性の発言を後世に残した。58年間の活動、332号の会誌発行ののち、時代の趨勢、会員の高齢化により、断腸の思いで解散を決定した。

【著】「学ぶことは変わること」『いずみ』322号ほか。

【参】「いずみの会」『戦後名古屋の婦人教育－回顧と展望』　戦後名古屋市婦人教育史研究会編・刊 1994

堀 照（ほり　てる）
　生年不詳
　中日くらし友の会会長

1957（昭和32）年5月27日、『中日新聞』「くらしの作文」欄の投稿者を中心に、女性読者の組織「中日くらし友の会」が発会、「婦人の喜びと悩みを訴え日日の生活に『心のともしび』をともす」を目的とした仲間づくりが始まった。「雑事に追われる家庭の中から社会へと視野を広げ、見て感じて考え、それを書いて確かめる。そうした営みの中で、自分を育てようとする努力、自分の生活を生かそうとする確かな心がけを持つこと、それがひいては明るい社会を作る大きな力になる」と考え、講演会、見学会、学習会を開く。名古屋地区初代世話人**小川静江**、のち堀照会長が1994年に歴史をまとめた。社会の急激な変化に伴って、家族関係も子どもの生活も揺れ動き、旧態依然ではいられない。1979年にはくらし友の会の中の女性史グループが5年史『女のわだち』

を出版し、創設期の先輩の努力の軌跡を
まとめた。1987年『くらし友の会30周年
記念会誌 華の輪』を出版。女性としての
大切な心がけを次の世代に継承したいと
いう思いを発信している。
【著】「中日くらし友の会の歩み」『戦後
名古屋の婦人教育―回顧と展望』戦後名
古屋市婦人教育史研究会編・刊 1994

本谷 純子（ほんたに すみこ）旧姓村瀬
　　1932～
　　名古屋市会議員（共産党）
市生まれ、6人きょうだいの長女。県一
高女、県立女子短大（現県立大学）を経
て府立大阪女子大学英文科卒業。関西経
済連合会調査部へ就職、1955（昭和30）
年日本共産党へ入党、1957年結婚、男子
出産。愛知淑徳学園高校教師等を経て、
1975年共産党では初の女性名古屋市議会
議員に名東区から当選した。民主教育の

実現を訴え、本山市政
の下での物価安定制度、
環状2号線をやめさせ
る問題で、党派を超え
て区民の支援を得た
（『中日新聞』1975.4.
14、15）。5期20年務
め、共産党市議団長にもなる。教師だっ
た時、平和や女性の自立への思いを語り、
女性が生き生きと暮らせる世の中をつく
りたいと生徒に語った願いを、議員活動
で実らせるよう努力した。その間1962年
には新日本婦人の会結成に参加、保育所
づくり運動、高校全入運動、都市高速道
路建設反対、名東区図書館づくり運動等

に参加。1980年、デンマーク・コペンハ
ーゲンで開催された'80年世界婦人会議
へ、市婦人調査団に同行し、会議で革新
市政の市民本位の政治の発展と、女性た
ちの活動を紹介した。
『市会議員本谷純子事務所ニュース』を
1991年6月から月刊で発行、本谷の書く
コラムや絵画が好評だった。夫は会社を
退職して家事を引き受け、ニュースの発
行や生活相談活動で妻の議員活動を支え
た。議員引退後は、愛知介護の会、年金
者組合などで活動するとともに、地域の
九条の会にも取り組んでいる。
【著】『私と日本共産党』本谷純子事務所
1999

前田 恵子（まえだ けいこ）旧姓高林
　　1932～2006
　　アスベスト被害告発者
市出身。1957（昭和32）年から兵庫県尼
崎市在住。
2004（平成16）年アスベスト特有のがん
＝悪性胸膜中皮腫を発症。「余命は15日ぐ
らいかも」と医師から告げられた。2005
年クボタ旧神崎工場周辺地域住民のアス
ベスト被害を初めて告発した。アスベス
トに関連する職業に携わったことのない
周辺地域住民の患者として実名を公表し
「原因はクボタだと思う」と告発した。
クボタ旧神崎工場では石綿水道管を1975
（昭和50）年まで製造していた。石綿と
はアスベストのこと。2005年6月、その
アスベスト被害が工場内だけでなく周辺
地域に及んでいた。これを「クボタショ

ック」という。工場労働者、下請け・関連会社の労働者、そして周辺地域住民を合わせると約500人が中皮腫などのアスベスト特有の疾患を患った。

2005年末クボタ幡掛社長が「患者と家族の会」尼崎支部の集会に出席し、周辺地域住民に謝罪した。前田は土井雅子、早川義一とともに患者として記者会見をした。クボタショックは全国のアスベスト被害者の救済と補償を求める大きな世論を巻き起こした。その結果2006年3月に「石綿健康被害救済新法」が施行された。その日、前田は死去した。

【参】『クボタショックから15年 全国のなかまとともにアスベスト被害を告発する尼崎の歩み』中皮腫・アスベスト疾患患者と家族の会尼崎支部 尼崎労働者安全センター 2020

増岡 育子 （ますおか いくこ）

1971〜1987

骨肉腫で死去の中学生

西加茂郡三好町（現みよし市）生まれ。スポーツ万能、病気知らずの育子は西加茂郡三好中学校入学後の5月に骨肉腫と診断され「半年か1年の命」と宣告されるも、闘病に努め、1985（昭和60）年3月に骨盤部を含めた左足を切断。その後も入退院を繰り返した。3年生の19

87年2月19日死去した。最後の言葉が「お母さん頑張る」だった。

闘病中、「もう走れないから今度は水泳で」と右足だけで背泳の練習をしたり、念願をかなえた修学旅行では「ありのままの姿を見てほしいから級友と一緒に大浴場に入りたい」と主張したりすることから、宇井校長は「育子さんほど命を燃焼しつくした子はいない」と感動し、「開校まもないこの学校の精神にしたい」と愛知郡日進町（現日進市）の日本画家安倍任宏（院展院友）に絵を依頼した。1988年3月「光の中へ」の作品が出来上がり、3月12日に全校生に披露され、展示された。「これから後輩達が真剣に生きることを教え、励ます育子さんのシンボルとして同校で宝として飾る」と。校長の言。

2010年、副島喜美子監督の映画『育子からの手紙』が公開。

【参】「骨肉腫と闘い3年 卒業目前燃え尽きた命」『中日新聞』1988.3.13 ／ 副島喜美子『育子からの手紙〜15歳、ガンと闘った日々』 筑摩書房 1989

松原 実智子 （まつばら みちこ）

1933〜

俳優

市生まれ。1953（昭和28）年中部日本放送（現CBCテレビ）専属劇団員としてデビュー。誕生して3年の劇団CBCの一員として、「霧の音」に出演。1958年にはテレビにも出演。ラジオの声優としても活躍。1972年4月NHK名古屋放送局

制作の「中学生日記」に出演、同年に同局の夜の帯番組「銀河テレビ小説」にも出演した。1989年1月より東海テレビ・フジテレビ放送制作の「名古屋嫁入り物語」で、名古屋弁指導と共に全編出演する。

1982年発会の「核兵器廃絶・平和を守る名古屋舞台人の集い」に入会し、1987年12月9日の舞台では反核のためのコラージュ『明日のためのレクイエム』では2編の詩を朗読。

舞台では、「サウンドオブミュージック」・「マイフェアレディ」・「さんしょう太夫」・「照手と小栗」に出演。1991年名古屋市芸術特賞、春日井市制作「こどものおはなし」の朗読で第1回全国テレホンサービスコンクール優秀賞受賞。

【参】『中部日本放送50年のあゆみ』中部日本放送株式会社 2000 ／『反核舞台人20年のあゆみ』核兵器廃絶・平和を守る名古屋舞台人の集い 2003

松下 哲子 （まつした てつこ） 旧姓守田

    1934～
    椙山女学園高校教師、保育所づくり運動、中国帰国者支援組織と愛知学院大学留学生の日本語の教師

1962（昭和37）年6月8日、『朝日新聞』「ひととき」欄に、松下の投稿「働く母親の願い」が掲載された。それをきっかけに、名古屋市千種区星ケ丘・虹ケ丘団地を中心にした新しい住宅地周辺で、若い親たちによる「子どもを安心して預けられる保育所がほしい」という話し合いが始まる。

東京や大阪での保育所づくり運動に刺激され、名古屋市内の共同保育所を訪ねて運営の大変さを知り、公立保育園づくりを目指すことを決定。団地の保育要求の有無を調べるアンケートを集めて、保育園設置の署名運動を進め、地域の人や市関係者、市会議員と話し合い、保育問題の研究者から集団保育の意義についても学んだうえで、市への陳情、請願を行った。働く女性中心の市民運動として注目され、マスコミの支援もあり、1962年10月に運動を始めてから100回を超える会合・陳情を重ねて、1965年4月、団地の一郭に星ヶ丘保育園が開園した。開園後も乳児保育、長時間保育、保母増員等を願い、周囲に保育所づくりのムードを広げた。当時は子どもを預けてまで働く酷い母親と非難されることもあったが、保育園でのびやかに育っていく子どもたちをみて、集団保育への偏見が解消されたのではないかと、メンバーの一人だった**原宜子**は回想している。

その後松下は、日中両国で、中国人・帰国者（残留孤児）の日本語教師となり、『女性問題・海外レポート－中国の女性たち－解放の過程と現状』（名古屋市市民局 1988）などを書き、中国女性を名古屋に紹介した。

【共著】星ケ丘虹ケ丘保育の会編・刊『保育所づくりの記録－星ケ丘保育園設立運動をふりかえって』 1966

【参】原宜子「保育所づくり」「いつまでも若く美しくしなやかに」の会編・刊『いのち輝かせて』2000

三浦 小春 （みうら こはる）

1925〜

中日新聞本社文化部長

新潟県生まれ。1949（昭和24）年京都大学文学部卒業。中部日本新聞社（現中日新聞本社）の練習生制度での女性第1号として入社し、記者となる。男性のような事件記者、政治記者、地方記者の経験はなく、ほとんどの年月を本社文化部の美術記者として過ごす。1955年に愛知県美術館が建設されて以降、展覧会も多く開催され、紹介や解説、批評記事を書く。1960年から1年6か月休職して、アメリカのミシガン大学美術史科で学ぶ。1960年代後半は陶芸ブーム時代といわれ、荒川豊蔵、加藤唐九郎をはじめ、瀬戸・美濃・常滑などの作家が活躍したが、三浦はそういう芸術家たちの努力の跡を記録していった。

三浦は40代半ば過ぎの1972年〜74年に文化部長となり、その後記事の書ける編集委員になり、定年まで働く。1977年9月から約2年間、『中日新聞』夕刊文化欄に「土は語る−中部のやきもの」を連載、井戸尻・尖石遺跡発掘のころから現代に至る「やきもの」が語る生活・時代背景や美しさをつづった。その後も社会教育の講演で、美術を語り続けた。

【著】『中部のやきもの』 中日新聞本社 1981

【参】三浦小春「先達として歩んだ道」『中日新聞』1986.4.12

三浦 文子 （みうら ふみこ） 前姓河合

1911〜2007

ＮＰＯ法人ウィン女性企画理事

市出身、県一（現県立明和高校）を経て、東京女高師（現お茶の水女子大学）文科卒。精華高等女学校（現精華学園）教師ののち結婚、敗戦直前に夫は病死、娘真澄（**高橋ますみ**）との母子家庭を、小牧高女（現県立小牧高校）教師に再就職して切り抜ける。1949年『中日新聞』文化部記者に転職して文化・家庭欄担当。定年退職後、中日文化センター勤務。東邦短期大学、南山短期大学の非常勤講師を務める。生涯学習を心がけ、好奇心・向上心を励ましている。名古屋ゾンタクラブ、正法眼蔵研究会、法華経を読む会、大学婦人協会等に参加。60代で再婚。

【著】『折々の記』風媒社 2003

【参】高橋ますみ『主婦が歩き出すとき』BOC出版部 1980

水田 珠枝 （みずた たまえ） 旧姓宮川

1929〜

名古屋経済大学名誉教授、東海ジェンダー研究所顧問、政治思想史・女性学研究者

東京都生まれ。津田塾専門学校を経て、1957（昭和32）年名古屋大学大学院法学研究科政治学専攻修士課程修了、法学博士（名古屋大学）。市邨学園大学（現名古屋経済大学）教授、2005年名誉教授。

敗戦の時女学生だった水田は、かつて軍

国主義を説いた教師が民主主義を話すの
を聞いて、自分に確信がもてないことを
安易に他人に説いてはならない、非民主
的制度はどんなに強固に見えてももろい
ものだということを認識し、やがて女性
解放思想史研究に進む。ルソーの民主主
義思想に潜む女性への差別を解明したい
ということが、研究の動機であった。ル
ソーの思想の中に、戦後日本の民主主義
の中の性差別と同質の問題があると考え
たからである。日本の性差別の強さにつ
いては、不合理な制度は見かけほど強く
はないという（「若い日の私」『毎日新聞』
1988.9.3）。

こうして深められた政治思想史研究は、
『女性解放思想の歩み』『女性解放思想史』
『ミル「女性の解放」を読む』その他に
結実した。近代社会は性差別の社会であ
ると同時に、平等化を促進する面を持つ
と大きくとらえ、資本主義と家父長制の
性支配に対して、女性は主体的努力をど
の方向で進めたかを検討し、女性が獲得
した成果をみるとフェミニズムの中核は
平等論だとしている。挫折し屈折し混迷
する思想の中に、性支配の実態と、性支
配の組織としての家父長制と、それに抵
抗する女性の姿勢を読むことが女性解放
思想史を成立させると考えている。

それぞれの思想家や活動について、長年
収集された資料は、2017年11月に設立さ
れた名古屋大学ジェンダー・リサーチ・
ライブラリ（ＧＲＬ）内の水田珠枝文庫
（約6000冊）に収蔵されている。

【著】『女性解放思想史』筑摩書房 1979
その他多数。

【参】古庄ゆき子編『資料　女性史論争

（論争シリーズ〈3〉）』　ドメス出版
1987 ／「水田珠枝教授略歴並びに著作年
譜」『社会科学論集』2005.3

水守 麻紀子 （みずもり まきこ）

1970〜2003

乳がん患者会「わかば会」発起人

市生まれ。2002（平成14）年、乳がんが再
発し治療を続けていたが、「患者同士が心
から話し合い、支える場所が病院にもあ
るといいね」と同じ治療を受けていた寺
田佐代子に声を掛けた。その声をきっか
けに寺田を中心に患者会を作ろうと動き
出した。藤田保健衛生大学（現藤田医科
大学）病院の病理医堤寛教授ら周囲の医
師も協力し、2003年3月
乳がん患者会「わかば会」
発足。水守は率先して患
者を会に勧誘。当初は25
名が集まり、患者同士だ
けでなく、医者もボランティアの一員と
して参加し一緒にお茶を飲みながら話せ
る会となった。勉強会も開いた。医師と
患者の風通しを良くする目的をアピール
するのにコンサートを開くことを思いつ
く。翌年「発足1周年記念」コンサート
の準備に力を注ぐ。水守は、その準備段
階の2003年9月死去。会員も60名に増え、
アイデアを出し合い、2004年3月発足1
周年の記念コンサートを催した。寺田佐
代子のピアノと堤教授のオーボエの合奏、
越智章仁のピアノソロ、内海俊明の講演
「乳がん薬物療法の進歩―現状と将来へ
の期待」。その後、会は継続し、2007年に

は県の癌患者支援事業と協力して「希望のウォークリレー」、「希望のコンサート」を行った。

【参】「乳がんと闘う女性にささぐ」『中日新聞』2004.3.19（夕）／「乳がん闘病誓いの調べ」同 2004.3.21 ／「わかば会会員が力を合わせて患者主体の医療とより高いＱＯＬを求めて」『がんサポート』治験情報のご案内 2013.7

三井 公子 （みつい きみこ） 旧姓近藤
1934〜
初代愛労連婦人協議会議長

市昭和区生まれ。8人姉妹の7女。父は旧制八高（戦後は名大教養部）の数学教師。母は専業主婦。姉妹はキュリー夫人に憧れ、家庭と仕事を両立させることが理想で、女でも高等教育を受けることは当たり前という環境で育つ。1957（昭和32）年、名古屋大学法学部政治学科卒業と同時に県立高校の社会科教師になり定年まで勤める。

1960年に県立高校の物理教師と結婚。1962年から公団住宅で公立保育所づくりの運動に参加。3年余で設立（『保育所づくりの記録　星ケ丘保育園設立運動をふりかえって』に詳しい）。1966年愛高教（愛知県高等学校教職員組合）婦人部の再建に参加し副部長になる。のち部長として、産休・育児休暇・保育所・男女平等教育などの問題に取り組む（活動記録『婦人の未来を切り拓くために－愛高教婦人部二十年史』 1986）。1973年には愛高教に「愛知女子教育を考える会」を発足させ、発足10年の節目の1984年に実践紹介も含めた『女性の自立をめざして』を出版。1975年に結成された「国際婦人年あいちの会」のメンバーとして、各界の女性と共に女性問題に取り組んだ。1989年、労働戦線再編で発足した愛労連（愛知県労働組合総連合）婦人協議会議長となる。退職後は真宗高田派蓮教寺（市名東区）の坊守を務めた。

【参】愛知女子教育を考える会編・刊『女性の自立をめざして』 1984

宮崎 玲子 （みやざき れいこ）
1933〜
美術エッセイスト、美術史・美術に関する研究・評論家

東京都生まれ、横浜市立大学商学部経済学科卒業。1963（昭和38）年以降市に在住。1968年、当時の徳川美術館長熊沢五六を講師に「女性のための美術史講座」が開講された。講座終了後、受講生を中心にして「葵美術グループ」が生まれ、初代代表になった。この女性のグループは創設以来、東西の美術史を学び、美術鑑賞もテーマとし、美術の専門家、作家、大学教授などを講師に招き、ほとんど毎週例会を開いている。仕事を持つ女性が多くなったため、会員数は創設時よりは少なく現在は50人弱である。機関誌『映紅』を毎年発行、2020年にはグループ誕生50年になる。

宮崎は美術評論エッセイ集『絵のとなり』正続2冊を出版、舞台女優のたかべしげこがこれを読み、舞台で表現してみたいという思いがあり「朗読美術館」が誕生した。朗読たかべしげこ、絵画作品のス

クリーンへの映写、音楽の生演奏という
ユニークな舞台になった。取り上げたの
は主として先進的な生き方をした女性画
家たち、フリーダ・カーロ、ケーテ・コ
ルヴィッツ、ジョージア・オキーフ、ラ
グーザ玉、**山下りん**、**三岸節子**等であっ
た。名古屋のほか、東京紀伊国屋ホール、
神奈川、三重でも上演された。
宮崎は、県美術館友の会会長、名古屋市
美術館運営協議会委員、名古屋ボストン
美術館運営委員のほか、生涯学習センタ
ー運営協議会委員、明るい選挙推進協議
会副会長等を、長期にわたって務めてい
る。
【著】『絵のとなり』『続・絵のとなり』
愛知書房 1992、2000

宮田 鈴枝 （みやた すずえ）

1929～
愛知県障がい者（児）の生活と権利を
守る連絡協議会顧問

市北区生まれ。サラリーマン家庭の7人
きょうだいの長女。両親の愛情に包まれ
るも小学校時代に男子に比べ女子が生活
の全てに抑圧があり差別されていると感
じて育つ。1941（昭和16）年、第二高女
（現県立名古屋西高校）に入学。その年
にリウマチ（関節の炎症と著しい部位の
変形を伴う自己免疫疾患）を発病したが、
治療は全く受けられず四肢に深刻な障害
を負いながら、体調不良をおして軍需工
場への勤労奉仕にも参加。敗戦時には体
重は25キロぐらい、生理もいつしか止ま
っていた。

戦後は父母の手を借りて在宅生活。10年
後、知人の個人商店で働きはじめ、1965
年、父親が街頭でもらってきた障がい者
の在宅投票制度の復活を求める署名運動
のビラがきっかけで身体障がい者友愛会
と出会う。友愛会主催の「障害者新春の
つどい」参加が契機となり、「愛知障がい
者（児）の生活と権利を守る懇談会」（略
称愛障懇）の結成に参加。愛障懇は後に
「愛知障がい者（児）の生活と権利を守
る連絡協議会」（愛障協）へと発展し、鈴
枝は体力の限界まで17年間会長を務めた。
1984年、手足となって生活を支え続けた
父母死亡後は自立した一人暮らしを始め、
障がい者医療無料化、福祉タクシーの創
設など全国に先駆けて実現させた。
この間の自己形成のドキュメントを6年
かけて著した『乳房やさしかり』（同時代
社 1996）はヘレン・ケラー福祉賞受賞の
きっかけとなった。
愛障協は障がい者の「生きる権利」「学ぶ
権利」「働く権利」「政治参加の権利」を
施策として拡充することを国や自治体に
訴え続け、次々と実現している。
戦争の体験から、平和でなければ人の命
や生活を守り、豊かにはできないと確信。
憲法9条（戦争放棄）、25条（生存権保障）
を実現するために、軍事費に予算を投入
するのではなく、誰もが生き生きと暮ら
せ、明日が安心できるよう、国民のため
の政治が行われることを希望している。
【著】『今を生きる老いの道のり リウマ
チを抱えて70年』 夢企画大地 2010

森 孝子 （もり たかこ）

　1931〜

　俳優・劇団市民座代表

朝鮮（現朝鮮民主主義人民共和国）平壌
生まれ。5人姉弟の4番目。父はバス会
社や映画館などを経営。1945（昭和20）
年8月ソ連軍侵攻、丸坊主になり、翌年
6月、引き揚げ船に乗り、一家で帰国。
市港区に居住。当時公立女学校は引揚者
は1年生への編入しか認められていなか
ったため、私立名古屋高女（現名古屋女
子大高校）の3年生に編入。新聞部、演

劇部、弁論部で活躍。市
立女子短大（現市立大学）
に進学、アルバイトに明
け暮れた。自宅で塾経営
も。子どもに読んできか
せる話を作ろうとNHK童話研究会と関
わりを持つ。中部日本放送（CBC 1950
年設立）が1951年にラジオ放送開始、「お
話横丁」という幼児向け5分番組の語り
手をする。1952年短大卒、劇団CBC団
員となる。CBCは民間放送第1号。ア
ナウンサー、劇団員を対象に言葉のプロ
ジェクトを組み、東京から言葉の専門家、
演出家、タレントを呼んでせりふ回し、
言葉の解釈などを仕込まれた。孝子の発
音は標準語の日本語ではない、抑揚が違
うと注意された。最後の授業で講師の山
本安英から褒められ、自信を取り戻した。
1960年、NHKの教育相談番組「中学生
を考える」に出演。続いて「中学生日記」
（1972〜2012年）に出演。生徒の母親役、
教師役、最後は校長役を演じて、2001年
引退。その間、1965年、井沢慶一、牧野

不二夫、山田昌など15人で劇団未来座設
立、1971年退団。1969年より名古屋放送
児童劇団の常任講師。1976年劇団ぴーぷ
るを旗揚げ、解散。1978年俳優養成所「劇
団市民座」設立、代表となる。演劇を通
じて子どもに社会性、情操教育、マナー
を身につけさせることを目的とする。
2001年、中学生日記サポーターズ（2000
年松原市長、俳優、PTA会長等で設立）
の事務局長となる。劇団運営の他、講師
活動をする。「森孝子話し方研究所」代表。
【参】佐野桂次『21世紀を彩る 名古屋人
物風土記 IV』 中日出版社 2004

山下 秀子 （やました ひでこ）

　1928〜

　原爆被爆者・語り部

長崎市生まれ。長崎市立女子商業高校卒
業後、報国隊として三菱造船所に行く。
空襲警報が鳴り、皆一斉に防空壕に殺到
するが、秀子はもう一杯で入れてもらえ
ない。仕方なく隠れそうな場所を捜して
身を小さくしていた。そこへ警報解除が
鳴り皆防空壕から出ようとして折り重な
ったとき原爆が落ちた。ほとんどが死亡。
秀子は白いブラウスを着ていたせいか被
災から免れた。街中は地獄絵としか言い
ようのない状態だった。1972年愛知県原
爆被害者の会に登録。1984年より『原爆
忘れまじ』第1号を同会婦人部で出版。
愛知県原爆被害者の会は3700人いてその
半分は女性。まず女性から始めようと皆
を訪ねて説得するが、思い出すのも嫌な
人、書きたくない人が多い中で困難を極

めるがそれぞれの手記を7号まで出版。
日本語だけではだめだ
と英語の翻訳版をつけ
た。1988年より語り部
として世の中に知って
もらうことが大切と考
え、テレビや大学等で
訴え、話をし、後世まで被爆体験を伝え
るように努力した。
華道池坊教授（山下秀湖）として教室を開
き後進の指導にあたる。
【参】『原爆許すまじ』1号～7号　1984
～1992

山田 ことぢ （やまだ ことぢ）　旧姓桑原

1930～

社会運動家

　　岐阜市生まれ。国文学者
の父親の命名で戸籍名は
「柱」と書く。男1人、
女5人の兄妹の三女。岐
阜県立中津高等女学校卒
業。科学者になりたいが、進学したいと
言い出せないのを察した高女の教師が親
を説得し、受験だけを認めさせ、岐阜農
林専門学校（後に岐阜大学農学部）を受
験したところ、初の女性合格者と地元新
聞に大きく報道されたため、親も反対で
きず、晴れて共学第1号となる。大学は
奨学金と行商のアルバイトで、親から1
銭の援助も受けなかった。紅一点の大学
で、それまでの軍国少女が一変。各務原
の米軍基地のそばに校舎があり、戦争や
基地がいかにひどいものかを肌で知る。

1951（昭和26）年に卒業後、愛知県農業
改良課に勤務。愛知母親大会は準備会か
ら手伝う。

1954年に結婚。出産を経て1956年3月に
退職。1960年に小児麻痺が大流行したと
きには、母親連絡会や日ソ協会の一員と
してソ連の生ワクチン導入を求めて「子
どもの命を守るためならアカでもいい」
と県や厚生省との交渉に参加する。県職
員を退職後は、ＰＴＡや地域の活動をし、
夢を追いかけ全国を飛び回り、ほとんど
家にいない夫の事業を手伝いながら3人
の子どもを育てた。姑の建てたアパート
の管理人を始めたのがきっかけで、子ど
もがいてもできる仕事をと、宅地建物取
引主任者の資格を取り、夫の会社が倒産
してからは資格を生かして不動産業者と
なる。「本職は不動産屋」と言いながら、
日本国憲法を護りたいの一心で、愛知憲
法会議やいずみの会で学び、自分で考え
たところをすぐに文章にした。『朝日新聞』
への投稿をはじめ、長年の各所での発言
をまとめ、『綿毛がとんだ新しい女、鮮烈
の軌跡』（同時代社 1992）を出版。その
解説で元衆院議員の田中美智子は、こと
ぢさんは「行動の人」と評している。

愛知母親連絡会、新日本婦人の会、いず
みの会、日ソ協会（現日本ユーラシア協
会）、愛知年金者組合、愛知憲法会議、中
村区九条の会、などの役員、会員として
活躍。休むこと知らずのまめな人である。
【著】『生きる土台をふみしめて』ほっと
ブックス新栄 2010

山田　昌（やまだ まさ）

　1930～

　俳優

常滑（とこなめ）市生まれ。県立常滑高校卒。

戦時だったため、勤労動員で愛知航空機へ通って戦闘機の部品作りをしていた印象が強く、校庭で遊んだ記憶などほとんどない。だから、空襲の記憶より三河地震・東南海地震のほうが恐ろしかったと記憶している。教科書の朗読を褒められ、当時新しく出来た演劇部にも薦められ入部。そこで演劇部の講師として来ていたロシア文学者でもあり築地小劇場の演出家でもあった熊沢復六と出会い、これがその後の人生を決めることになった。学校では、チェーホフの「桜の園」や、イプセンの「人形の家」の主人公ノラに抜擢されるなどして、卒業後その熊沢の強い薦めがあってNHK名古屋放送劇団に入団することになった。ラジオしかない時代の新しい劇団でもあり年配の俳優もいないという条件も重なって、老け役をどんどん引き受け、自然演技に磨きがかかることになり、"名古屋のおばあちゃん"と呼ばれるようにもなった。

テレビ放送が始まって1981年NHK銀河ドラマ「祈願満願」から「もう一度春」などや東海テレビ・中日劇場の「名古屋嫁入り物語」など主演をつとめ「名古屋弁女優」の異名もいただくことになったが、当人は「放送用名古屋弁山田流家元」と名乗っている。NHKのドラマ「がんばらんば」「のんのんばあとオレ」など多くの主演作品を残している。

結婚した同業の天野鎮雄と共に1985年劇団「劇座」を結成。この年から始まった原爆の惨禍を語り継ぐ女優だけの朗読劇「この子たちの夏」「夏の雲は忘れない」にも参加し、ここで出会った演出家木村光一との巡り会いが第二の転機となった。劇座では2011年ヒロシマで被爆したハナばあさんを描いた「泰山木の木の下で」（小山裕士作）を演じたり、今村昌平監督に請われて映画「黒い雨」に出演するなど、二度と戦争の過ちは繰り返しませんと平和の大切さを訴え続けている。平和憲法を守る活動にも取り組み、現在もあいち女性九条の会の代表の一人として参加している。

【参】「愛知に人あり　一緒で別々」『朝日新聞』2013.6.12～29 連載

山原　秀（やまはら ひで）

　1905～1991

　医師、県会議員

市生まれ。熱田中学、愛知医科大学（現名古屋大学）卒。1951～71年県会議員。市千種区

今池・山原病院理事長。日本母性保護協会理事。1968～84年県産婦人科医会会長、以降は名誉会長。1973（昭和48）年他人の赤ちゃんを実子として斡旋して問題となった「菊田医師事件」（宮城県石巻市の産婦人科医菊田昇の偽出生証明書発行）を1977年に県産婦人科医会（会員685人）の名で告発した。

『中部讀賣』（1977.10.20）によると、山原は「菊田は『実子特例法』の偶像にされてきた。私たちは『実子特例法』の運動家が、『永久に赤ちゃんをだますニセ実子あっせん』をかついだのは早計であり、大失敗だったと判断している。事実、最近は実子特例法運動本部の菊田医師離れが現れてきている」と語った。1976年、愛知県産婦人科医会として全国で初めて子どもに恵まれない家庭に赤ちゃんを世話する「赤ちゃん養子縁組無料相談」を発足させた。「子宝に恵まれない夫婦がいる反面、未婚の母や子どもを育てられない母もある。コインロッカー事件など子殺し、子捨てが跡を絶たない皮肉な社会現象が起きている。双方の出会いの場を提供したい」と法律に基づく養子縁組を主張し、愛知県産婦人科医会は1976〜97年に1255組（内県内は398）の養子縁組を成立させ、県に移行し、活動を完了した。
【著】『パパさんとママの避妊の教室』大竹書店 1959
【参】矢満田篤二・萬屋育子『赤ちゃん縁組で虐待死をなくす』光文社 2015

山室 悦子 （やまむろ えつこ） 旧姓水野
　1886〜不詳
　救世軍活動家
海部郡甚目寺村（現あま市）で水野半五郎、つうの３女として生まれる。本名はゑつ。市一（現市立菊里高校）卒業後教職に就く。1913（大正２）年上京して救世軍（山室軍平が日本支部としてたちあげたキリスト教の社会福祉事業、教育、医療事業）活動に参加するために上京する。すぐ救世軍士官学校に入隊し、翌年麻布小隊長となる。４年後には士官学校教官となる。山室軍平は機恵子との間に８人の子があったが、２人は死去。機恵子も病気で死去。悦子は後妻として嫁ぎ、先妻の子６人と実子２人を育てる。キリスト教信者として日曜学校教育にも力を注いだ。
【参】山室徳子『遁れの家にて－村松きみの生涯』ドメス出版 1985

山本 美知子 （やまもと みちこ）
　1929〜
　ＮＴＴテレメイト顧問
兵庫県生まれ。茨城県多賀工業専門学校（現茨城大工学部）電気通信科卒。母の

「女も自立しなきゃ」の声に励まされ1950（昭和25）年に五級職国家試験に合格し、電気通信省（現総務省）に入省。水戸の電報電話局に配属され、電報が自動化される時に当たり、意欲的に技術を吸収。省内の技能資格試験に合格し、1965年一宮電報電話局で女性課長第１号になる。その後、笠寺、弥富と移り、知立局長、東海電気通信局経営調査室調査役を経て、1987年設立のＮＴＴテレメイト（電話による市場調査を基にしたサービス業）常務に就く。民営化、会社経営と初めてのことばかりでとまどいもあったが、ネアカ精神で乗り切ってきた。任された仕事をやるだけでなく自分で作り出

す精神でいくことが大切という。

【参】『行動する中部の女性群像 淑女録1』中部経済新聞社 1992 ／「均等法とあなたミズ管理職」『中日新聞』1986.3.24

矢満田 篤二 （やまんた とくじ）

1934〜

新生児特別養子縁組「愛知方式」を実現に導いた県職員、児童福祉司

現内モンゴル満州里市生まれ。父はシベリア国境警察官。六男一女の次男。1946（昭和21）年長野県に引き揚げ帰国。途中5歳の弟を水葬。1954年愛知県庁に行

政職として就職し、名城大学法学部（夜間部）卒。1990年、社会福祉士登録。1980〜94年、県内5か所の児童相談所に勤務。性被害などで養育放棄された赤ちゃんが乳児院へ収容され、面会者もいない孤独な姿に胸が痛み、菊田昇・産科医の「赤ちゃんあっせん事件」に重ねて、県産婦人科医会で「赤ちゃん養子縁組無料相談」を学び、危惧する上司を説得。1982年から新生児を里親家庭の中で育てる「赤ちゃん縁組、里親委託」（のちの愛知方式）に着手。1987年に成立した改正民法の特別養子縁組規定により、実子として入籍する愛知方式は国の制度の基となった（特別養子縁組は民法817条の2参照、普通養子縁組は民法792条参照）。

さらに、県の萬屋育子児童相談所長や柴田千香相談員たちは「愛知方式赤ちゃん縁組」を大幅に改善し発展させて、1982〜2018年3月末の期間に生後4週間以内の新生児226人が、不妊に悩み特別養子縁組を希望する里親家庭へ産院等から、直接、天使のように迎えられ、実子として戸籍に記載された。2011年厚労省は愛知県の「新生児里親委託の実際例」を全国に通知し、福岡県と福岡市、兵庫県、和歌山県など各地に普及。1994年、定年退職以降はNPO法人CAPNA（子どもの虐待防止ネットワークあいち）の立ち上げに参加、理事としても活動。1996年名古屋弁護士会（現愛知県弁護士会）から人権賞を受賞。

【著】矢満田篤二・萬屋育子『赤ちゃん縁組で虐待死をなくす』光文社 2015
【参】NHKテレビ地方発ドキュメンタリー「赤ちゃん縁組で命を救え」 2013.11.26 放送

與語 直子 （よご なおこ）

1971〜2005

写真家

愛知県出身。英国・チェルシー カレッジ オブ アート＆デザイン彫刻科を1988（昭和63）年修了。ケンジン

トン＆チェルシー カレッジ オブ アート＆デザインLOCF写真科を1995年修了。真夜中に人気のない街並みを撮影したモノクロの風景写真を集め、2005年東京と名古屋駅で「與語直子新作展」を開催した。同年スペインのグラナダの撮影旅行

を終え、拠点としていたロンドンに戻って間もなく、自転車に乗っていてトラックと衝突し、34歳で急逝した。没後、仲間が写真を厳選し、2006年遺作写真集『GRANADA』を蒼穹社から刊行。更に残された財産を使い、毎年若手芸術家一人に制作、旅行のための資金を提供するプロジェクト ALLOTMENT が2009年スタートした。夫は画家の近藤正勝。

【参】写真集『GRANADA』蒼穹社 2006／「写真の志つなぎたい－事故死の奥語さん遺作展」『朝日新聞』2010.2.27（夕）

横井 ゆき

1898〜

市中村区助産婦会会長、市中村区婦人団体連絡協議会会長

県出身。1951（昭和26）年4月中村区から市会議員に立候補し当選（自由党、1期）。夫は産婦人科医。

敗戦後まもなく、生活のゆとりがない時期に、中村区婦人会会員が10円ずつ出し合って、2組の花嫁衣裳を購入し、結婚する人に貸し出して大好評、1967年ごろまで続いていた。

1951年市会議員に当選した際、「女の議員でなければできない仕事、とくに衛生問題などをやりたい、また今の役所の機構は官僚的で、家庭婦人の実生活とかけ離れすぎている、市民の生活を守るのが政治だと思う」と語った。

1951年、市議会選挙には女性8人が立候補（3人当選）、1980年代までで最も多か

った。

当選者に中区平和婦人会会長松久志津ゑ（1896〜？、国民民主党、助産婦）がいる。前年市議会議長だった夫が死去、いわゆる身代わり候補として当選（1期）。「女の立場を市政に反映させるよう努力する」と当選の弁を述べた。

この年は落選したが、1955年初当選したのは、市昭和区松栄婦人会会長奥村蝶子（1905〜？、自由党、のち自民党、3期）。奥村は1950年女性の模擬市議会で、「市長選挙」に出るよう周囲に勧められ、「当選」した。その経験が実際の市議選に立候補するきっかけになった。婦人会の運動会では旧制高校スタイルに日の丸扇子で激励する応援団長を続けて、運動会名物といわれた。夫はメリヤス業、「うちをあけてもいいからやれ」と妻を応援していた。

1951年市議選では落選し、1959年、1963年、1971年に市会議員に当選した竹下みつえ（1908〜？、自民党）は、市北区防犯協会副会長、北区地域婦人会連絡協議会会長。

市中村区には1959年、夫の身代わり候補で県会議員になった元中村病院看護婦長の福井ふじ子（1913〜1968）がいる。当選して「主婦の立場、母子家庭の問題などを勉強したい」と語った。

1970年に市制が執行された知立市では、定野紀久代（1934〜）が1974年市議会選挙で、初の女性議員となった。教育委員会職員後結婚退職、小学校ＰＴＡ会長に就任、小学校建設推進委員として政治にかかわり、知立団地から立候補し当選した（革新無所属）。議員は世代の代表であると同時に、世代の融合を図るべきとし、

女性議員の増加を願って、当選を重ねた。
【参】『中部日本新聞』1951.4.25、1955.
4.25、1959.4.24（夕）／『朝日新聞』（西
三河版）1974.8.13

横田 しづ子 （よこた しづこ）

1935～

豊橋市民病院総看護婦長

1952（昭和27）年豊橋市立豊橋市民病院
付属看護婦養成所（現豊橋市立看護専門
学校）を卒業、同市民病院に就職。准看
から正看護婦と働き続け、1986年総看護
婦長となった。婦長としては、働いてい
る看護婦（現看護師）たちが早く帰るこ
とができるように引き継ぎ事項を書くノ
ートを工夫し、仕事をしている時は患者
さんに寄り添えるようにした。

1992年春の人事異動で女性初の部長職に
昇格し、550人いる看護婦を束ねることに
なった。

「看護という仕事が正しく評価され、よ
り働きがいのある職場に」を願いとして
日々活動している。

【参】豊橋百科事典編集委員会『豊橋百
科事典』豊橋市文化市民部文化課 2006
／「豊橋市初の女性部長職」『朝日新聞』
1992.4.9

横山 万里 （よこやま まり）

1930年～

女流画家の展覧会開催者

1947（昭和22）年私立瑞穂高女（現愛知

みずほ大学瑞穂高校）を卒業。1948年第
5回日展に「温室」出展、7～9、11回
日展に出す。1964年には中部日本画作家
協会会員になり、日展の会員となる。

1993年院展に入選。国内・海外で発表会
や個展を10回行う。1

999年国内発表会3回
目の時に「第1回日
本画女流展」を開催。
「女性は介護など家
事のため創作を続け
ることが難しい。今年は出品できなくて
も、来年出せばいい、無理を強要しない
展覧会で女性を応援したい」と、その後
も、毎年愛知・岐阜・三重県出身の「中
部日本画女流展」の呼びかけ人となる。
2000年愛知淑徳大学文化創造学部の助教
授を勤める。2003年には第5回を開催。

【参】『愛知画家名鑑』愛知画家顕頌会
1997 ／「絵画展で女性応援」『中日新聞』
2003.5.31（夕）

吉田 節子 （よしだ せつこ） 婚姓太田

1942～2014

バレーボール選手（全日本メンバー）

県出身。両親と4人きょうだいのスポー
ツ一家に生まれ、中学1年生の時にバレ
ーボールを始める。強豪校の豊橋東高校
を卒業し、実業団の鐘紡四日市に入部し
た。 1962（昭和37）年全日本メンバーに
選出され、アジア大会に出場した。1965
年再び全日本メンバーとなり主将を担う。
同年、世界の最優秀選手に選出された。
1967年世界選手権金メダル、1968年メキ

シコ五輪ではコーチ兼主将として銀メダル獲得に貢献した。東三河が誇るバレーボール選手。現役時代は大型セッターとして日本女子バレーボールの黄金期を支えた。

【参】『VOLLEYBALL』1963年5月号、1968年10月号

吉田 知子 （よしだ ともこ）

旧姓蟹江　婚姓吉良

1934〜

作家

静岡県浜松市生まれ。市立女子短大（現市立大学）経済科卒。父は陸軍中佐の蟹江元。幼年時代は旧満洲新京市（現長春）、1939（昭和14）年〜1942年北満州のナラムト、終戦時は樺太に居住。父はソ連軍に連行され、銃殺刑。1947年に引き揚げ帰国。短大卒後、伊勢新聞名古屋支局（市中区）記者を経て、浜松市の私立誠心高校（現浜松開誠館高校）に1960年まで勤務。1957年、詩人吉良任市と結婚。1963年より夫と同人誌『ゴム』にて活動。1966年『新潮』に「寓話」を発表して文壇デビュー、1970年「無明長夜」で第63回芥川賞受賞。「凍雲の下」、「引揚者収容所」を発表後、三河会（北満の三河地方の邦人の集まり）で大興安嶺の山越えの話を聞く。戦争末期、三河邦人360余名がソ連軍の侵攻から逃れ、1945年8月9日ナラムトを出て、9月21日に布西に到着。800キロを一人の死者、欠落者もなく移動した。

3分の2を女子どもが占め、準備も計画も装備も食糧もない。その資料はなく、当事者の記憶に頼るしかない。

知子は多数の話を聞き、三河会の中でも客観的な記録を残した大場卓三の目録を柱に、6年かけて『大興安嶺死の八〇〇キロ』を1979年に出版。1985年『満州は知らない』で女流文学賞、1992年短編「お供え」で川端康成文学賞、1998年『箱の夫』で泉鏡花文学賞受賞、2000年第53回中日文化賞受賞。

【著】『大興安嶺死の八〇〇キロ』新潮社1979 ／『第五の季節』読売新聞社 1980

吉田 礼子 （よしだ れいこ）

1930〜

帝国興信所生理休暇賃金カット裁判原告

帝国興信所は、1968（昭和43）年6月、労働組合名古屋支部吉田礼子組合員が、一賃金計算期間に2回生理休暇を取ったとして、1日分の賃金をカットした。これに対し、労働組合は1968年9月、1生理周期に有給休暇を1日とるのは正当であるとして、「賃金カットの支払い請求（生理休暇の正当性）」について、名古屋地方裁判所に会社を相手取って訴訟を起こした。1970年11月の結審まで13回の公判が開かれ、会社側は1賃金計算期間に1日の生理休暇が正当と主張したが、1971年2月24日、労働組合側の全面勝訴に終わった。

しかし会社側は控訴、その上就業規則を改悪し、吉田礼子は賃金カットを4度も

受けて、母性保護の権利確立のために闘わなければならなかった。ちなみに賃金カットは5,900円であった。

女子労働裁判がまだ珍しい時期に、生理休暇に関する賃金要求は、金額は多くないとはいえ、女性が生涯働き続けられる権利を守ろうとする裁判として画期的であった。

大脇雅子弁護士は、男性が多数の労働組合が生理休暇の権利を求めて闘った職場状況に感激して、団結と継続が力だと断言している。

【参】『帝国興信所における生理休暇賃金カット・就業規則改悪反対闘争』全帝国興信所労働組合名古屋支部、総評・全国一般労働組合愛知地方本部　1972

吉村 久子 （よしむら ひさこ）

1933〜

大東紡織名古屋工場「つむぎの会」

新潟県生まれ。1949（昭和24）年、中学校卒業後大東紡織（前身は昭和初期の女工争議で有名な東京モスリン）に就職。当初配属された西春工場が閉鎖され名古屋工場（市北区）に移る。オーストラリア産の原毛の臭いにはいつまで経っても慣れなかった。2交替勤務で「働きながら学べる」と言われて来た者も多かったが、約束は守られず、女工は労働組合に結集し、職場や寮の不満を会社と交渉し解決するようにした。平均年齢21歳、大半が10代という職場で、久子はお姉さん的存在で運動の中心になる。1956年有志が集まってサークルを結成。読書、合唱、映画、詩のサークルには大勢が参加し、

それぞれ、『つくし』『わだち』『ありんこ』など文集を作って発信した。

1959年4月の婦人週間には手作りのプラカードを持って市内をデモ行進し『朝日新聞』に報道された。

1960年の安保闘争ではデモのある日は工場前の市電乗り場が大東紡織の女工たちで満員に。その頃、職場の仲間4組が結婚。名古屋市公会堂で実行委員会形式で合同結婚式を行う。サークル会員、工場長、組合の支部長など400人近い参加があり、予想外の参加者に会社・組合は動揺して、以後労務管理の体制を強めてきた。組合の上部団体の全繊同盟が変質したことが大きい。増える職場結婚で保育所づくりの要求も強かったが、組合は要求書から外してきた。そこで、1963年、大東紡の仲間は相談し、吉村を保育所づくりの担当と決めた。吉村は名古屋保育所問題研究会などに参加する中で出会った工場に近い小川宅の協力で共同保育所をスタート、大東紡織退職まで保育所運動に参加した。

1960年の貿易自由化のため、全国的に繊維工場は縮小され、大東紡織名古屋工場も1972年に閉鎖された。2008年に制作されたドキュメンタリー映画『明日へ紡ぎつづけて』はこれら「繊維の闘い」の日々を伝えている。「いろんな闘争をやって弾圧もされたけど、一人も解雇者を出さなかったのが私たちの誇りです。いつも中心にいた吉村さんの力は大きかった」と、共に闘った**後藤千枝子**は述懐している。

久子は退職後日本共産党愛知県委員会の専従事務職員を2004年まで務めた。

【参】「めいほく」25周年記念事業実行委員会編・刊『織姫の夢のせて「めいほく」25年のあゆみ』1988 ／つむぎの会編・刊『つむぎ』2008

渡邉 かち子 （わたなべ かちこ）

1932〜

チカ・モード社長　帽子デザイナー

市生まれ。県立名古屋西高校卒業後、市内の杉野ドレスメーカー女学院にて製帽科、師範科、デザイナー養成科で学ぶ。

1954（昭和29）年ナゴヤドレスメーカー女学院で教壇に立つ傍ら、チカ・モード婦人帽子研究所を設立。1956年よりオリエンタル中村百貨店（現名古屋三越）帽子専属デザイナーとなる。その後、名古屋三越に「チカ・モード」を出店、好評を得る。代議士の**田中美智子**の帽子を担当した。またボランティアでバザーに帽子を提供して応援した。中日・毎日文化センター講師、三越友の会講師。

聞き書き 本人　2020.2

渡辺 満洲子 （わたなべ ますこ）

1934〜

津具村「語りの会」代表

旧満州（現中国東北部）生まれ。幼少の頃は東京都内で過ごし、1940（昭和15）年、北設楽郡津具村（現設楽町）に疎開。結婚のため名古屋市で暮らしながら、児童文学を研究する自主グループ「波の会」の設立に携わり、ストーリーテリンググループに所属して、以後ストーリーテラーとして図書館や児童館などで実践しながら研鑽した。夫の定年を機に村に戻り、図書館のなかった地区に手持ちの本をもとに「きらきら文庫」を作り、子どもたちに開放した。開設後は村の広報誌に毎月「きらきら文庫だより」を掲載してもらい、理解を広めた。1997年には、絵本などの朗読グループ「語りの会」を設立した。2000年には子育て中の母親を対象に、本の読み聞かせ方などの講習会を企画した。これには、名古屋の児童文学研究会の「波の会」会員の協力を得て５回シリーズで行った。会員の提案で、美術館などを巡る文学散歩を企画したり、近隣の読み聞かせグループから相談を受けたりするようになった。

【参】「ニュース発信人 自宅を図書館に開放」『中日新聞』2001.12.26（夕）／児童文学の会会誌『波紋』No.3　1974.3

渡辺 道子 （わたなべ みちこ）

1915〜2010

戦後初の女性弁護士、日本女性法律学協会会長、日本YWCA理事長

東京生まれ、東京女子大学を経て早稲田大学法学部卒、エール大学法学部大学院に学ぶ。父は東京控訴院（現東京高等裁判所）判事で退職後弁護士だった。父の生き方に影響を受け、弁護士を志すが、「嫁の貰い手がない」と反対され、東京女子

大学に入学する。1936（昭和11）年卒業後ＹＷＣＡで働くことを選び、名古屋には女子労働者や底辺女性のための事業「友の家」があるので赴任、売られて救われた女性の就職先を世話し、聖書を学ぶ女学生部の人と映画を共に見て、主体的に生きるよう話し合った。有職女性のグループは、どう生きるか問い続けていて、渡辺は家族制度の因習に苦しむ女性の痛みをここで深く学んだ。

1938年退職、1940年早稲田大学法学部に入学、大学院でも刑事政策等を学び、戦争が終わったら提案したい民法の親族・相続について改正要綱を検討した。敗戦後の1945年秋、司法科試験が復活、3人の女性合格者の一人となる。河崎なつ、村岡花子らと民法改正要綱について話し合った。女性法曹の人々は、家族法民主化期成同盟をつくり、研究結果をまとめ、1948年新民法の制定に貢献した。その後もＹＷＣＡの立場で家族制度復活反対、警職法改正反対、安保条約改定反対運動等に参加、憲法研究会を続けた。

名古屋ＹＷＣＡは、1945年強制疎開命令による本部取り壊し、空襲被災で会館焼失と、戦争の痛手が大きかった。戦後、**畠鈴**らの努力で、中央教会の宣教師館を3万円で譲り受け、1950年新会館を復興できた。1952年**山田美代**が総幹事となり、活動を充実する。1964年**栗原佐代子**が総幹事となり、伊勢湾台風救援、1970年安保反対の意見表明を行うなど、キリスト教を基礎に、平和と命の尊重を求めて活動している。

【著】『新しい朝のひびき』ドメス出版、1992
【参】名古屋ＹＷＣＡ50年史編集委員会編『名古屋ＹＷＣＡ50年の歩み』名古屋ＹＷＣＡ 1983

執筆者が綴る　私　と　女　性　史
あとがきに代えて

執筆者が綴る　私 と 女 性 史
あとがきに代えて

青柳清子〔青〕

　私は二人姉弟だったが母は弟を重んじた。男で後継ぎだったからだ。

　私が東京の美大にいたころ教授は男性ばかり。「個展を開いても名前に子がつくと入りが悪い」と言われた。それが気になり子どもには男女どちらでも通る名をつけた。

　1980年代に３人が女、末子が男の４人の子どもを授かったとき、私は男女平等に育てようと思った。食べ物を配る順は大きい順、小さい順、あいうえお順、生まれた月日順などだれもが一番になるように日常生活にも工夫をした。

しかし、４人の子を連れた電車内で「一番下が男か、あんたよくがんばったね」とか「男でよかった」とたびたび声をかけられた。横で聞いていた娘は祖母に「私は女で悪かったの？」と泣きながら聞いた。私に直接聞けなかったほど心の傷は大きかったようだ。

　娘が小学校の入学式のときに「なぜ『あ』で始まる私が13番なの？」と口にした。なぜ男が先で女が後なのか、と。はっとした。静岡県下の小学生のとき、旧姓トミタの私はトキタという男子の次の出席番号だった。男子を優先しない、男でも女でもあいうえお順に並ぶ男女混合名簿だったからだ。そこで男女混合名簿にしてほしいと東京都港区議会に仲間と請願した。そののち都立高校にもお願いした。

　女性史がこの世に存在することを知ったのは2007年、東京港区立男女平等参画センターの『聞き書き　みなと女性史』の制作に加わったときだ。女性の立場で、女性の歴史を、という趣旨を知った。男女が不平等だと感じていたけれど、それまでの私は声高に「女性の権利」を「ウーマンリブ」をと唱える人々の運動に参加しようとは思わなかった。

　2007年、名古屋にひとり暮らしていた母の介護のため、40年ぶりに同居した。弟と父は相次いで亡くなり、母ひとり子ひとりだったからだ。

　『聞き書き　みなと女性史』監修の折井美耶子さんから「名古

屋に帰るなら伊藤康子さんに会わなきゃ」と言われたが捜す当て
がなく、どうしたら会えるか考えていた。

　母の通う病院近くの古本屋で『写真でつづる　あいちの女性史』
（1994年刊）を偶然手に取った。奥付に監修・伊藤康子とあった。
欄外に勤務先と自宅の電話番号が鉛筆で書かれていた。まさか本
人に連絡ができるとは思わなかった。中京女子大（現至学館大学）
に電話すると退職されましたと言われた。もう一方は伊藤さん本
人につながった。「どうぞ、いらっしゃい」と気さくに声をかけ
てもらった。これが私の転機となった。

　2008年に伊藤さんを訪ねて、愛知女性史研究会に参加した。20
10年刊『愛知近代女性史年表』、2015年刊『愛知近現代女性史人
名事典』、そして今の人名事典IIを調べ、文章を書き、登場人物
の顔のイラストを描くうちに本当の意味の自立を学んだと思う。

　友が人名事典を読んで「これから生きる指針を得た、今の生き
方でよいのかと考えさせられた」と言ってくれた。女性史をやっ
てきてよかった。

<hr>

伊藤康子〔伊〕

　まだ幼かったころ、私は男に生まれたかった、なぜ男に生まれな
かったのだろう、女は損と思っていた。

　戦争が終わり、やがて戦後だから入学できた男女共学の大学へ、
その居心地は新鮮で刺激的だった。親の援助が全くない男女学生は
自然体で、私は社会に格差・不平等があってもその人らしく生きら
れるのだと学んだように思う。女性なのだから「女性史やらないか」
と言われたのは嫌で、私は「女性」に縛られたくなかった。

　卒業、就職、結婚、出産、だが体調を崩し、パートになり、夫の
転職のため引っ越し、新しい社会環境でどう生きるかに迫られる。
戦後民主化運動は、労働運動、平和運動、学生運動、文化運動など
などに渦巻き、私もその中にいた。1960年代はまだ女性史・婦人問
題への関心は一般的に薄かったので、話し手・書き手は少なかった。
女性が大学で日本史を勉強したのだから「女性史」を教えられるで
しょう、教えているのだから若い女性が必要としている「女性史」
を書けるでしょう、婦人問題の評論も書けるでしょう、といういさ

さか乱暴な戦後らしい期待が私を育てた。その間、私は男性に刷り込まれた、優位願望（出世意識、女性は下流人間意識等）、自己中心主義も知る。私がもし男性だったら、無意識のうちにそうなっただろうから、私が女性であることは男性より広い世界を深く見ることができて、よかったのではないかとも考える。けれども、社会的に差別される嫌な経験を忘れることはできない。

　女性史研究が民間の学問として芽を出し、日本国憲法のもとで、日本史学の中の市民権を得て、研究会も学会もできる過程に私は生きた。井上直子はそういう私を「戦後女性史を体現した人」（井上直子「伊藤康子さんへのインタビューを終えて」佐藤文香・伊藤るり編『ジェンダー研究を継承する』人文書院、2017年）と表現した。

　2019年、多くの研究・人の支援を得て『市川房枝　女性の一票で政治を変える』（ドメス出版）を世に出すことができた。この世に思い残すことがないように、私の歩みを簡潔にまとめ『伊藤康子の女性史世界』という小冊子もつくった。86歳になっても女性史が生き甲斐なのは、感謝の言葉しかない。

　1934〜2020年の日本に生きて、私は多忙だったけれど幸運な女性だった。

〜〜〜〜〜〜〜〜〜〜〜〜

河辺淑子〔河〕

　1944年2月に名古屋市瑞穂区で出生。1年半違いの兄がいてのち弟が2人生まれた。文化とは程遠い名古屋の端に疎開先から戻った。両親ともに教育熱心な人で、中学時代にいつのまにか和歌森太郎著『日本の歴史』12巻がそろっていた。それが多分歴史書に接する初めであったと思う。高校生になってテニス部へ入ったが、盲腸炎で運動禁止になり社研部活動へ変わった。6月の安保反対デモ参加（友達が私服を用意して着替えた）や学習活動は大学生の先輩の応援もあった。統一学力テスト反対の白紙答案提出では父が学校へ呼び出されたらしい。私が社会科学系へ進学することをどうしても許さない理由はそれだったかもしれない。苦しい家計で女の子を大学までやるのは少ない時代だったから受け入れてくれる所へ行くしかなかった。愛知学芸大（現愛知教育大）に入学早々いわゆる学生運動やいろいろな社会運動に参加した。家庭教師のアルバイトもずっとやっ

ていた。

　1966年卒業時その年に限って多人数の就職差別が起きた。愛
知県で教員採用拒否された多くの活動家は全国や県内私学に散
っていき、それぞれ生きる術を探さざるを得なかった。私は紡
績工場の昼間定時制の高校教員になった。2年間入学金を貯め
て愛知大学の2部法経学部に編入でき、日本政治史の江口圭一
助教授のゼミに入った。働きながら本を読み、討論しまとめて
1冊終わると論文を書くという演習を2年間続けた。これが大
学だなという気持ちで自分なりに勉強した。法律や政治史の講
義もあったがゼミは主に思想史だった。植木枝盛や中江兆民そ
れに福田英子は強烈に覚えている。結果として先生から『世界
婦人』（福田英子発行）を借りて卒論を書くことにした。明治
期を知るためにできる限りの本を読んだが、村田静子著『福田
英子』（岩波新書）はもう絶版になっていて、図書館で借りて
全部をコピーした。

　卒業なので次に名古屋大学の法学部政治学科の聴講生になっ
た。自分がどう生きるのかがまだ決められなかった。入学金は
収めていたので西洋政治史の中木康夫教授のフランス政治史の
ゼミに入れてもらった。どちらのゼミも女性はいなかった。し
ばらく専業主婦をした。自習は続けていたが力不足だった。子
どもは2人になっていた。地域で3歳児保育教室を作ったり、
そのころ始まった生協班を作ったりなどの地域活動もしてい
た。

　1978年教員試験を受けてなんとか職業婦人になれた。まれに
教師冥利に尽きることもあったが、忙しすぎて経験不足で困難
なことの方が多かった。戦後日本の労働運動を担ってきた総評
が解体されようとする時、新しい労働組合運動に参加した。生
活のため60歳の定年まで働いた。その後落ち着いてから、毎日
名古屋市女性会館（現イーブルなごや）の図書室に通った。と
りあえず読みたかった本を読んだ。特に基準はなかったから女
性に関する本や女性の書いた本など手あたり次第に読み進め
た。

　故江口教授の縁で愛知女性史研究会に巡り合った。女性史年
表を作るときに、明治期を担当するのだが、関連する資料や本
をたくさん読みいわゆる研究活動に入った。明治期の初めの新
聞は女性の記事といえば娼婦のことばかりだった。古い名古屋

のことでは鶴舞図書館にずいぶん助けられた。娼婦問題は即従軍慰安婦につながると確信した。千田夏光の講演会でそれを知ってからずっと関心はもっている。以来愛知女性史研究会のメンバーとして『愛知近代女性史年表』、続く『愛知近現代女性史人名事典』の作成に参加している。

~~~~~~~~~~~~~~~~~~~~

西　悦子〔西〕

　第二次世界大戦敗戦の翌年の1946年生まれ。兄と弟の3人兄弟である。どちらかというと男っぽい性格というべきである。これが人生に影響があった気がする。家父長制の影響は感じなくて、父親世代の不合理さは父の話から知る。農家の出身で「たわけ」の語源通り2、3男は、養子に出されたり、丁稚奉公に出されたり（父はその一人）、叔父の出征のため家を継ぐために軍属の仕事をやめて実家に戻らされたりと多々あった。
　小学校低学年のころ周囲に「結婚できない女性」と言われていた女性が多くいた。適齢期に相手が出征したからだった。これも、悲劇と思った。私が6年生頃、成人に近くなると、早く嫁にいくことを周囲から暗に強制されるなどを知る。これにはずいぶん憤慨した。私はそうならないと思った。
　良妻賢母の教育は、小中学校での男女別々の家庭科の授業には何の違和感も持たず、中学校の礼法室も物珍しく、民主教育の変化はあったようだ。ただし、民主的な家庭を築くためにどうあるべきか、男女の賃金差別や待遇の違いの現状や対策などについて学ぶなど人権教育などについては体験できず高校でも女子のみで2年間学んだ。学ぶことが好きで、大学に入り、手に職を付け独り立ちしたいと考えるようになっていた。大学は、兄の影響と文学より社会系への興味が大で愛知学芸大学（現愛知教育大学）の社会科史学教室に入学する。大学のクラブ活動で児童文化研究会のへき地教育部に所属し、子どもの心に寄り添う教師になりたいと思うようになった。　1966年、就職保留
　（1960年前後から自治会や民主的な活動に参加した学生を県教育委員会が教員に採用をしない）になった先輩が要請に訪れ、「愛知学芸大学の就職差別をはねかえし民主教育を守る会」（通

称「守る会」）結成に参加した。その活動は紆余曲折があり、僅かずつ続けられ、卒業後の各自の民主教育への実践に引き継がれた。1968年教育大統合のために1年生だけ先に刈谷の新校舎に移転する案が出て、ストライキをうって反対し、1970年全員移転を果たした。

卒業後歴史教育者協議会に参加。科学的な歴史教育を目指し活動。1972年同じ志を持つ同級生と結婚する。婚姓をどうするかでは、夫の名前と私の苗字（旧姓柴田）の組み合わせだとかっこ悪いと夫の意見で西に決定。結婚と新居移転を機に小学校へ転勤、綴方教育の歴史を引き継ぐ作文教育者協議会愛知作文の会に入会、作文を通して、子どもの生活を丸ごと見つめる教育に努めた。出産し、夫の両親に子どもの面倒を頼んだ。没後「義母は同居したくなかった」と夫から聞いた。義父の意見が通ったようだ。民主的というのは難しかった。夫は仕事と部活動、組織活動で忙しく、子育ては義父母の助けを得て、妻の役割だった。姑の元養護訓導・子育ての後の塾の教師経験が生きていた。子どもが幼い時は、夫婦で料理と育児をどちらにするか話し合った。夫が料理を選んだ。それは大いに助かった。

女性史とのかかわりは、夫の誘いが大きく影響している。研究会に入会したのも、必要な時に時宜に合った書籍を紹介され学習する、集会に参加するなど。結構気に入っている。

〰〰〰〰〰〰〰〰〰

森　扶佐子〔森〕

1942（昭和17）年生まれ、兄4人、姉3人、弟1人、9人きょうだいの8番目。好奇心旺盛で少々無鉄砲だったせいか、「この子が男だったら」と一度ならず言われたほかは男女差別など考えられなかった幼少の頃。

舅姑に仕え、誰の手も借りずに家事育児全般を完璧に引き受けていた母は、「子どもを一人も戦死させなかった」ことが誇りだった。主婦が外で働くことなど一度も考えなかったはずなのに、「子どもが出来たら私が見てあげるから手に職をつけて働き続けなさい、そのために私は長生きしなくちゃ」と言っていたが、孫の顔を見る前に逝った。

16歳年上の長姉は戦後すぐ師範学校を卒業して小学校の教師

に。淡い初恋の相手が特攻隊で戦死したとかで、そのせいもあってか「私は結婚しない」「尊敬できる人がいない」と口癖のように言っていた。ところが32歳の春、友人の紹介で知り合った子持ちの男と結婚し、「蜩先生」と言われたほど懸命に取り組んでいた教職を放り出して東京で専業主婦生活に入った。結婚したら女は仕事を辞めるのが当たり前？あれ？なんで？教師ってそんなに魅力のない仕事？　この世の中には男と女がいて、なんか女は損をしているらしいと素朴な疑問が生まれた初めての出来事。私は15歳。

　1961年、高校を卒業して国家公務員（裁判所速記官）になった。公務員に男女差別はないと言われていたが、歴然と差があり、職制はもちろん男性中心、労働組合の役員も殆ど男性。女は自動的に婦人部に入れられた。ここでもなんで？

　「なんで？」を解消したかったが、1960年代に女性問題を扱った書物はほとんどなく、ベーベルの『婦人論』や井上清の『日本女性史』にしがみついた。70年代に入って、もろさわようこの『おんなの戦後史』『おんなの歴史』などを職場の仲間と読み、働く婦人の労働問題が問題になり始め、労組の婦人部長をやる中で考えた。差別があるから「婦人部」は必要なんだ、婦人部が要らないようになればいいのだ、私の目標は、婦人部をぶっつぶせ！だった。

　目標は達成出来ないまま勤続18年で退職し、西ドイツで生活する機会を得た。そこでも大勢の働く女性を見、東ドイツへ旅行で出かけ、生き生き働く女性を見て、またまた疑問噴出。同じドイツ人が、体制が変わって30年、彼女たちがどう変わったのか変わらないのか、どうしても知りたいと思った。ところが、あれこれ探っているうちに東西の壁はなくなってしまい、私の研究は頓挫した。

　たどり着いた先は愛知女性史研究会。「歴史は名もない一人一人が作るもの」、「偉い人の歴史は誰でも書いてくれる。本当の歴史を作っている名もない人の歴史こそ私たちが書くべきことだ」と教えてくれた先輩の言葉を、いつも思い出す。

　ほとんどの「婦人部」は「女性部」と名を変えたけれど、私の目標とはほど遠い。いつか目標達成を見ることができることを信じてはいるけれど…。

2013. 6. 16　一宮市尾西民俗資料館

左から、清水和美・西悦子・森扶佐子・河辺淑子・伊藤康子・浅野美和子・青柳清子

90

長谷部ひろ→深見正子

花井俊子→曽田文子

浜島成子→梶浦南美枝

林礼子→曽田文子

原　夏子　　　　　　　53　〔森〕

原　宣子→松下哲子

坂　喜代子　　　　　　54　〔森〕

久田尚子　　　　　　　55　〔青〕

土方康夫　　　　　　　56　〔伊〕

火田詮子　　　　　　　56　〔西〕

平乃たか子　　　　　　57　〔西〕

深見正子　　　　　　　58　〔西〕

福井ふじ子→横井ゆき

福富奈津子　　　　　　58　〔西〕

藤森節子　　　　　　　59　〔西〕

細田愛子　　　　　　　59　〔西〕

堀川道子　　　　　　　59　〔伊〕

堀　照　　　　　　　　60　〔伊〕

本谷純子　　　　　　　61　〔伊〕

（ま行）

前田恵子　　　　　　　61　〔青〕

前田美稲子→長松一枝

増岡育子　　　　　　　62　〔西〕

松原実智子　　　　　　62　〔西〕

松下哲子　　　　　　　63　〔伊〕

松久志津ゑ→横井ゆき

三浦小春　　　　　　　64　〔伊〕

三浦文子　　　　　　　64　〔伊〕

三岸節子→宮崎玲子

水田珠枝　　　　　　　64　〔伊〕

水守麻紀子　　　　　　65　〔西〕

三井公子　　　　　　　66　〔森〕

宮崎玲子　　　　　　　66　〔伊〕

宮田鈴枝　　　　　　　67　〔森〕

森　孝子　　　　　　　68　〔青〕

本山政雄→杉江たき子、原夏子

（や行）

山下智恵子→曽田文子

山下秀子　　　　　　　68　〔河〕

山下りん→宮崎玲子

山田ことぢ　　　　　　69　〔森〕

山田　昌　　　　　　　70　〔森〕

山田美代→渡辺道子

山原　秀　　　　　　　70　〔青〕

山室悦子　　　　　　　71　〔河〕

山本信枝→沢田啓子

山本ふき子→斎藤孝

山本美知子　　　　　　71　〔西〕

矢満田篤二　　　　　　72　〔青〕

與語直子　　　　　　　72　〔青〕

横井ゆき　　　　　　　73　〔伊〕

横田しづ子　　　　　　74　〔西〕

横山万里　　　　　　　74　〔西〕

萬屋育子→矢満田督二

吉田節子　　　　　　　74　〔青〕

吉田知子　　　　　　　74　〔青〕

吉田礼子　　　　　　　75　〔伊〕

吉村久子　　　　　　　76　〔森〕

（わ行）

渡邉かち子　　　　　　77　〔青〕

渡辺満州子　　　　　　77　〔西〕

渡辺道子　　　　　　　77　〔伊〕

〔　〕は執筆担当者

91